零基础学买菜

李挚 主编

农村读物出版社

图书在版编目（CIP）数据

零基础学买菜 / 李擎主编. — 北京：农村读物出版社，2011.8
（小日子）
ISBN 978-7-5048-5496-4

Ⅰ. ①零… Ⅱ. ①李… Ⅲ. ①蔬菜—选购—基本知识 Ⅳ. ①F768.2

中国版本图书馆CIP数据核字(2011)第138389号

策划编辑	黄 曦
责任编辑	黄 曦
设计制作	北京朗威图书设计
出　　版	农村读物出版社（北京市朝阳区麦子店街18号　100125）
发　　行	新华书店北京发行所
印　　刷	北京三益印刷有限公司
开　　本	787mm×1092mm　1/24
印　　张	5
字　　数	120千
版　　次	2011年8月第1版　2011年8月北京第1次印刷
定　　价	26.00元

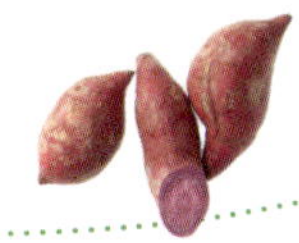

不会买菜就不会过日子

工欲善其事，必先利其器，不会买菜，真的谈不上会过日子。

当有朋友提起跟我学买菜做饭这件事的时候，我通常会说：好，那我们一起来玩吧！这时很多人就会不解地问：玩什么？

其实吧，生活是很有意思的，比如说买菜这件事，它是一切美味的开始，试想一下：通过你的手和这样那样的加工法，或者再加入一点点自己的灵感以及对生活的理解，将这些林林总总的食材、调料变为美味的菜肴。这是一件多么奇妙的事情啊！而这一切美妙，就从食材的选购上开始。

当我们第一次走进农贸市场的时候，总会被各种各样的东西弄得有点找不着北，其实这个没有什么困难的，你可以分门别类地去看，按照自己所习惯的规则将它们分为几个大块，然后逐步认识它们。如果你对这些食材的模样很不熟悉，没关系，带上我们这本书吧。本书内容正和你的需要吻合。

书中介绍了我们在农贸市场上经常能够见到的家常菜原料，并按照常见的规则用图片和简单的文字进行了描述，做菜时要注意的事项也不会落下，会贴心地给你提示。

我相信，在翻阅这本书之后，再去农贸市场，看到那些食材，即使你是个厨房新手，也不会像第一次见到它们时那样犹豫了。

从零开始学买菜，一步步变成生活达人，你一定可以的！

contents 目录

不会买菜就不会过日子

第1章 蔬菜

第2章 菌类

第3章 水果/干果

第4章 调料

第5章 谷类及副产品

第6章 畜、禽、蛋、水产

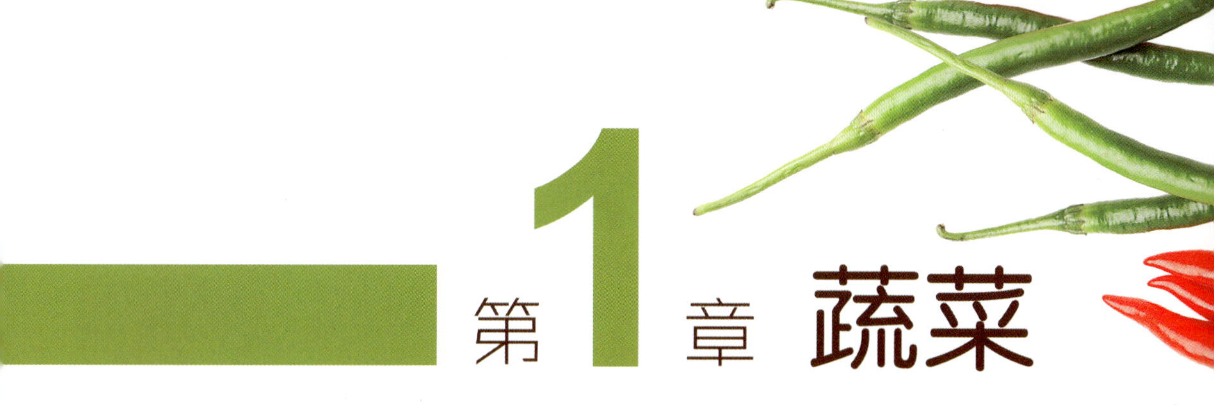

第1章 蔬菜

爱吃蔬菜，可吃哪种才好呢？面对五彩缤纷，让人眼花缭乱的它们，你确定你了解它们吗？

蔬菜，是指可以食用，除了粮食以外的其他植物（多属于草本植物）。蔬菜是人们日常饮食中必不可少的食物之一。蔬菜可提供人体所必需的多种维生素和矿物质。此外，蔬菜中还有多种多样的植物化学物质，是人们公认的对健康有效的成分，目前蔬菜中可以有效预防慢性、退行性疾病的多种营养物质正在被人们研究发现。

由于蔬菜极易腐烂，所以从采购到上桌食用，这整个过程中蔬菜储存起了很重要的作用，确保蔬菜脆嫩美味，除了采用正确的烹饪方法外，储存也是保证蔬菜鲜味质地和色泽的重要环节。

那么，储存蔬菜有什么关键呢?

有花蕾、茎尖的茎类蔬菜竖放

一些具有花蕾、茎尖的茎类蔬菜，例如菜心、芥蓝、芦笋、大葱等，在采收后会继续生长、开花。这类蔬菜的生长方向垂直于地面，因此采收后如果平放保存5~7天，蔬菜顶部会逐渐弯曲，影响蔬菜的外观。如果竖放就没有这个问题。

结球叶菜横放

结球叶菜常见的有大白菜、结球甘蓝、结球莴苣和包心芥菜等。结球类叶菜发生腐败均从内开始，轻微的腐败肉眼无法察觉。将结球叶菜倒置或者横着放，让根部不接触地面，外面一层叶子耐寒、耐碰，能起保护菜心的作用，吃的时候将外层变黄的叶子撕掉即可。

白菜

白菜俗称大白菜。由芸薹演变而来。原产于我国北方，后引种南方，现在南北各地均有栽培。栽培面积和消费量在中国居各类蔬菜之首。19世纪传入日本、欧美各国。在我国北方的冬季，大白菜更是餐桌上的常客，故有“冬日白菜美如笋”之说。大白菜具有较高的营养价值，在川菜中素有“百菜不如白菜好”的说法。它以柔嫩的叶球、莲座叶或花茎供食用。在我国北方，人们生活中不可缺少的一种蔬菜，同时也是重要冬储菜。

【选购】

挑选白菜时以直到顶部的，包心紧、分量重、底部突出的为好。

小提示

(1)腹泻者忌食大白菜。

(2)切大白菜时，宜顺丝切，这样大白菜易熟。

娃娃菜

微型大白菜，是从东亚其他国家引进的一款蔬菜新品种，近几年开始在国内受到青睐。外形与大白菜一致，但尺寸仅相当于大白菜的四分之一到五分之一，类似大白菜的“仿真微缩版”，因此被称为娃娃菜。

市场上面常见的假冒娃娃菜主要是不成熟普通白菜拔心而成，普通白菜与娃娃菜主要从两个方面辨别：

(1)外形：娃娃菜颜色微黄，帮薄，细褶。

(2)口感：娃娃菜微甜，味道无生腥味。

细心观察，其实白菜心与娃娃菜还是有很大区别的：

(1)从口感上来说，大白菜水分较多，没有娃娃菜细腻润滑。

(2)从颜色上看，娃娃菜的叶子嫩黄，而白菜心因接触的阳光较少，颜色黄中带白。

(3)而外形上看，娃娃菜的叶基较窄、叶脉较细，而大白菜的叶子、叶基和叶脉都较宽大；从包心看，大白菜包心生长较紧密，其叶子皱缩程度严重，呈扭曲状，娃娃菜叶面比较平整。

菜心

菜心起源于我国南部，是我国广东的特产蔬菜，品质柔嫩、风味可口，并能全年栽培，在广东、广西等地为最常见的蔬菜。

菜心是因白菜易抽薹等特性经长期选择和栽培驯化而来，并形成了不同的类型和品种。主要种植地分布在两广及台港澳等地。

空心菜

空心菜，原名蕹菜，又名藤藤菜、蕹菜、通心菜、无心菜、瓮菜、空筒菜、竹叶菜。开白色喇叭状花，其梗中心是空的（见右下图），故称“空心菜”。我国南方农村普遍栽培此蔬菜。

空心菜含有多种营养成分，蛋白质含量比同等重量的番茄高四倍，钙含量高番茄数十倍，并含有较多的胡萝卜素，中医认为其性凉、味甘、无毒，入胃肠二经，能润肠通便、清热凉血、疗疮解毒，老年人肠燥便秘、痔疮便血者宜食。

空心菜为碱性食物，食后可降低肠道的酸度，预防肠道内菌群失调，对防癌有益。空心菜性凉，菜汁对金黄色葡萄球菌、链球菌等有抑制作用。

因此，经常吃些空心菜，可以凉血、防治痢疾。

小白菜

小白菜不像大白菜那样菜叶紧紧包裹在一起，而是由光滑深绿色的叶子形成一个像芥菜和芹菜一样的一束，俗称“青菜”，又称“不结球白菜”，与大白菜（结球白菜）是近亲。

生菜

菊科莴苣属，一年生或二年生蔬菜。它是一种很常见的食用蔬菜，市场上多见两种，一种球状，一种皱叶，在我国人们往往煮熟或炒熟后食用，在西方文化中人们往往放在沙拉、汉堡包等食品中生食。生菜传入我国的历史较悠久，东南沿海，特别是大城市近郊、两广地区栽培较多。

【选购】

结球生菜： 不出薹，不破肚，单球重300克以上。

皱叶生菜： 无黄叶、烂叶，单棵重500克以上的为好。

小提示

(1)无论是炒还是煮生菜，时间都不要太长，这样可以保持生菜脆嫩的口感。

(2)生菜用手撕成片，吃起来会比刀切的脆。

紫甘蓝

紫甘蓝适应性强，病害少，结球紧实，色泽艳丽，耐贮藏，耐运输，营养丰富，产量高，南方除炎热的夏季，北方除寒冷的冬季外，均能栽培，凡能种甘蓝的地方都能种植。紫甘蓝除叶为紫红色不同于普通结球甘蓝外，其他特征特性基本相似。

近些年来的研究结果表明：颜色较深、较艳的蔬菜的营养价值较高。因此，作为深色蔬菜，紫甘蓝的食用需求增加，栽培面积及市场亦日趋扩大。

莴笋

莴笋又称青笋、莴菜、香莴笋，与生菜同属一科。原产我国华中或华北。地上茎可供食用，茎皮白绿色，茎肉质脆嫩，幼嫩茎翠绿，成熟后转变白绿色。

莴笋为一到二年生蔬菜，主要食用肉质的根茎。嫩叶也可以食用。莴笋的适应性强，可春秋两季或越冬栽培，以春季栽培为主，夏季收获。

根据叶片形状莴笋可分为尖叶和圆叶两个类型，各类型中依茎的色泽又有白笋、青笋和紫皮笋之分。

小提示

莴笋泡水保鲜法

将买来的莴笋放入盛有凉水的器皿内，一次可放几棵，水淹至莴笋主干1/3处，放置室内3~5天，叶子仍呈绿色，莴笋主干仍很新鲜，削皮后炒吃仍鲜嫩可口。

油麦菜

油麦菜是生菜同科的另一个品种，因叶子较长，所以又称长叶莴苣。是以嫩梢、嫩叶为产品的尖叶型叶用窝苣，叶片呈长披针形，色泽谈绿、长势强健。适应性强、质地脆嫩，口感极为鲜嫩、清香，因其叶形的原因，在中餐中素有“凤尾”之称。

由于油麦菜在我国是引进品种，所以目前品种不是很多，市场上见到的最多的品种是纯香油麦菜。

韭菜

韭菜原产于我国。国人种韭菜已经有三千多年历史，在《诗经》中就有“献羔祭韭”的诗句。韭菜于9世纪传入日本，后逐渐传入东亚各国。今多在亚洲种植。

韭菜又叫起阳草，味道非常鲜美，还有其独特的香味。韭菜的独特辛香味是其所含的硫化物形成的，这些硫化物有一定的杀菌消炎作用，有助于人体提高自身免疫力。韭菜的粗纤维较多，不易消化吸收，所以一次不能吃太多韭菜，否则大量粗纤维刺激肠壁，往往引起腹泻。

韭菜一年四季都可采摘。但独以初春时节的韭菜品质最佳，杜甫有诗曰“夜雨剪春韭，新炊间黄粱”，其次属晚秋的，夏季的最差。

韭黄

韭黄也称“韭芽”“黄韭芽”“黄韭”，俗称“韭菜白”，为韭菜经软化栽培变黄的产品。韭菜隔绝光线，完全在黑暗中生长，因无阳光供给，不能产生光合作用，不能合成叶绿素，就会变成黄色，称之为“韭黄”。其营养价值要逊于韭菜。

除韭黄外，菜场中常见的芹黄以及蒜黄都是同样道理生产出来的；所不同之处在于韭黄是韭菜的软化栽培产物，而芹黄是芹菜的软化栽培产物，蒜黄则是蒜苗的软化栽培产物。它们共同之处就是，都以植株肥壮，叶蜡黄色，基部嫩白，叶尖不烂、不干，富有清香味的为好。

芦笋

芦笋原产地中海沿岸。选用其嫩茎可作蔬菜食用。欧洲栽培已有2000年以上的历史，后由欧洲移民传入美洲。19世纪末传入我国，但一直限于个别城市郊区少量栽培；20世纪60年代栽培面积迅速扩大。芦笋富含多种氨基酸、蛋白质和维生素，其含量均高于一般水果和蔬菜。在国际市场上享有“蔬菜之王”的美称。

亚洲地区喜欢用芦笋配肉类炒菜。欧美国家一般将其削皮加热至熟后，再佐以融化的黄油或奶酪食用。

菜花·西兰花

菜花及西兰花均是甘蓝的变种，花茎可食，又根据颜色不同被称为白花椰菜、绿花椰菜等。

原产地中海沿岸，其特征为短缩、肥嫩的花蕾以及由花枝、花轴等聚合而成的花球，是一种粗纤维含量少，品质鲜嫩，营养丰富，风味鲜美，人们喜食的蔬菜。

有些人的皮肤一旦受到小小的碰撞和伤害就会变得青一块紫一块的，这是因为体内缺乏维生素K的缘故。补充的最佳途径就是多吃花椰菜。

吃的时候要多嚼几次，这样才更有利于营养的吸收。

花椰菜中含少量的致甲状腺肿大的物质，但可以通过食用足量的碘来中和，这些碘可由碘盐和海藻等海味食物提供，因此在食用花椰菜时要注意食物的搭配。

【选购】

优质的花椰菜清洁、坚实、紧密、具“夹克式”(外层叶子部分保留紧裹菜花)的叶子，叶片新鲜、饱满且呈绿色。花球的成熟度，以花球周边未散开的为好。反之劣质花椰菜块状花序松散，这是生长过于成熟的表现。

小提示

花椰菜中容易生菜虫，常有残留的农药，在吃之前，将菜花放在盐水里浸泡几分钟，菜虫就跑出来了，还能去除残留农药。

藕

藕，又称莲藕，属睡莲科植物，莲的根茎。藕原产于印度，后来引入我国，其身肥大，有节，中间有一些管状小孔，折断后有丝相连。成语“藕断丝连”即出于此处，藕微甜而脆，北方人多用来做菜，故称藕菜或莲菜；南方一般叫藕，果蔬兼用。

用藕依照传统工艺制成的藕粉，能消食止泻，开胃清热，滋补养性，预防内出血。食用莲藕，要挑选外皮呈黄褐色，肉肥厚而白的，如果发黑，有异味，则不宜食用。挑选时还应注意尽量选择藕节短、藕身粗的。从藕尖数起第二节藕最好。

笋

笋为多年生常绿禾本植物竹子的新生体，食用部分为初生、嫩肥、短壮的芽或鞭。竹原产我国，类型众多，适应性强，分布极广。毛竹、早竹等散生型竹种的地下茎入土较深，竹鞭和笋芽借土层保护，冬季不易受冻害，出笋期主要在春季。竹笋一年四季皆有，但唯有春笋、冬笋味道最佳。烹调时无论是凉拌、煎炒还是熬汤，均鲜嫩清香，是受大众喜欢的佳肴之一。

笋干

笋干是以笋为原料，通过去壳、蒸煮、压片、烘干、整形等工艺制取，笋干可烧肉或加水煮汤，味道鲜美。

黄豆芽·绿豆芽

豆芽是豆科的作物种子浸水后萌发的产品，用来做蔬菜供人食用。豆芽与豆苗不同，豆芽实际是豆子萌发的胚轴，与豆苗有本质不同。

最常见的为绿豆芽。也有黄豆芽、豌豆芽、蚕豆芽等。豆芽生产不需要土地、农具，只需要充足的水就可以在室内萌发，是生产最简单的一种蔬菜。一份绿豆或黄豆可生成超过10份重量的豆芽，增加的重量大部分是水。豆芽萌生过程中消耗了很多豆子里的主要营养成分（淀粉、蛋白质、脂肪），因此豆芽含热量少，但维生素C和食物纤维等微量营养成分则大有增加。在现代被认为是一种健康食品，有助于减肥。

将豆芽的叶子和根掐掉，剩下的白色部分称为银芽。

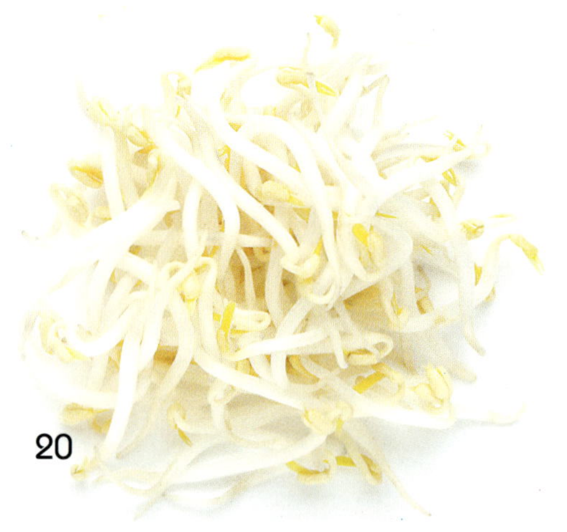

红萝卜·白萝卜·樱桃萝卜

属萝卜根茎类蔬菜，一至二年生草本。根肉质，长圆形、球形或圆锥形，根皮绿色、白色、粉红色或紫色。

萝卜原产我国，各地均有栽培，品种极多，常见有红萝卜（胡萝卜）、青萝卜、白萝卜、水萝卜和心里美等。根供食用。栽培食用历史悠久，早在《诗经》中就有关于萝卜的记载。它既可用于制作菜肴，炒、煮、凉拌俱佳；又可当作水果生吃，味道鲜美；还可用泡菜、酱菜腌制。萝卜营养丰富，有很好的食用、医疗价值，民间有“冬吃萝卜夏吃姜，一年四季保安康”的说法，为我国主要蔬菜之一。

小提示

(1) 萝卜种类繁多，生吃以汁多辣味少者为好。平时不爱吃凉性食物者以熟食为宜。

(2) 白萝卜主泻、胡萝卜为补，二者最好不要同时食用。若要一起吃应加醋来调和，以利于营养吸收。

香菜（芫荽）

伞形科草本植物芫荽的全草。又名胡荽、芫茜，俗名又称香菜，一年生草本植物，与芹菜和胡萝卜同科。香菜是一种重要的食用蔬菜，我国各地均有栽培，以华北地区最多。

香菜春季采收，洗净鲜用，或夏季采收，晒干切段用。在中东、地中海、印度、拉丁美洲、我国和东南亚的烹调中经常出现，亦可作药用。

香菜全株植物皆可食用，但日常一般只吃它的嫩叶和晒干的种子。

香菜中含有许多挥发油，其特殊的香气就是挥发油散发出来的。它能祛除肉类的腥膻味，因此在一些菜肴中加些香菜，即能起到去腥膻、增味道的独特功效。

香菜是重要的香辛菜，爽口开胃，做汤可以酌情添加。

腐烂、发黄的香菜不要食用，因为这样的香菜已经没有了香气，根本没有上述作用，而且可能会产生毒素。

金瓜

金瓜又称太阳瓜，迷你南瓜或小南瓜，其实就是一种小型的南瓜，口感很面，外形与南瓜基本一样，只是十分袖珍，外皮为白色，间有橘黄色的条纹，里面的瓜瓤和瓜子也和南瓜一样。

南瓜各品种对比

南瓜是葫芦科南瓜属的植物。因产地叫法各异，又名麦瓜、番瓜、倭瓜、金冬瓜，闽南语系中称为金瓜，原产于北美洲。

南瓜在我国各地都有栽种，嫩果味甘适口，是夏秋季节的瓜菜之一。老瓜可作饲料或杂粮，所以有很多地方又称为饭瓜。在西方南瓜常用来做成南瓜派，即南瓜甜饼。南瓜瓜子可以做零食。

南瓜多吃会助长湿热，尤其皮肤患有疮毒易风痒、黄疸和脚气病患者皆不宜多量食用。

西葫芦

西葫芦是一种光滑的圆柱形夏季葫芦，墨绿色，通常有浅绿到黄色的条纹或斑点及白到淡绿色的坚实肉质。别名茭瓜、白瓜、番瓜、美洲南瓜、云南小瓜、菜瓜、荨瓜，分类为葫芦科，南瓜属，原产北美洲南部，今广泛栽培。

西葫芦含有较多维生素C、葡萄糖等营养物质，尤其是钙的含量极高。是初夏时节的主要蔬菜之一。

丝瓜

丝瓜又称吊瓜，原产于南洋，明代引种到我国，粤语称水瓜或胜瓜，成熟时里面的网状纤维称丝瓜络，长老时可代替海绵用来洗刷灶具及家具；丝瓜还可供药用，有清凉、利尿、活血、通经、解毒之效。

丝瓜中维生素C含量较高，每百克中就含8毫克，可用于抗坏血病及预防各种维生素C缺乏症。

选购丝瓜应选择鲜嫩、结实和光亮的，皮色嫩绿或淡绿色者的为佳品。优质丝瓜果肉顶端比较饱满，无臃肿感。若皮色枯黄或瓜皮干皱、或瓜体肿大且局部有斑点和凹陷，则该瓜过熟并且不能食用。丝瓜易发黑是因为容易被氧化。避免发黑要快切快炒，也可以在削皮后用水淘一下，用盐水过一过。或者是用开水焯一下。

佛手瓜

佛手瓜，又名安南瓜、寿瓜等，属葫芦科蔬菜品种。瓜形如两掌合十，有佛教祝福之意，从而得名。佛手瓜清脆多汁，味美可口，营养价值较高，既可做菜，又能当水果生吃。

佛手瓜食用时最好选择幼果，以果肩部位有光泽及果皮表面纵沟较浅，果皮鲜绿色、细嫩、未硬化为佳。佛手瓜的上市期为秋末，很耐贮藏，常温下可由10月一直放到翌年3~4月，风味基本不变。

茄子

茄子是茄科茄属一年生草本植物，热带为多年生。其结出的果实可食用，颜色多为紫色或紫黑色，也有淡绿色或白色品种，叶椭圆形，花紫色，果实倒卵形状为主，也有圆形、椭圆、梨形等其他形状。

茄子是一种常见的蔬菜，我国江浙一带沿用宋代叫法称为落苏，广东人称为矮瓜，根据品种的不同，食用方法多样，炒、烧、煎、蒸、拌、炝皆可。

茄子的表皮覆盖着一层蜡质，它不仅使茄子发出光泽，而且具有保护茄子的作用，一旦蜡质层被冲刷掉或受机械损害，茄子就容易受微生物侵害而腐烂变质。因此，要保存的茄子绝对不能用水冲洗，还要防雨淋，防磕碰，防受热，并存放在阴凉通风处。

【质量鉴别】

茄子以果形均匀周正，老嫩适度，无裂口、腐烂、锈皮、斑点，皮薄、子少、肉厚、细嫩的为佳品。嫩茄子颜色发乌暗，皮薄肉松，重量少，子嫩味甜，子肉不易分离，花萼下部有一片绿白色的皮。老茄子颜色光亮光滑，皮厚而紧，肉坚子实，肉与子容易分离，子黄硬，重量大，有的带苦味。

苦瓜

苦瓜以味得名，苦字不好听，又叫凉瓜；苦瓜形如瘤状突起，又称癞瓜，属葫芦科，为一年生攀缘草本植物。春夏之交开花，雌雄同株，黄色。果实长椭圆形，表面具有多数不整齐瘤状突起。苦瓜的果实为浆果，形状有纺锤形、短圆锤形、长圆锤形等。麦皮有青绿色、绿白色与白色，成熟时黄色。达到黄熟的果实，顶部极易开裂，露出血红色的瓜瓤，瓤肉内包裹着种子。嫩果或老果均可食用。

小提示

(1)苦瓜熟食性温，生食性寒，因此脾虚胃寒者不应生吃。

(2)苦瓜含奎宁，会刺激子宫收缩，引起流产，孕妇慎食！

番茄·小番茄

番茄原产于中美洲和南美洲，现作为食用蔬果已被全球性广泛种植，是茄科茄属番茄亚属的多年生草本植物。别名西红柿、洋柿子，古名六月柿、喜报三元。果实营养丰富，具特殊风味成熟多汁浆果。吃生的能补充维生素C，吃煮熟的能补充抗氧化剂。

【选购】

挑选番茄时，不要挑选有棱角的那种，也不要挑选拿着感觉分量很轻的。长得奇怪的，分量轻的，都是催红剂作的怪。要买表面有一层淡淡的粉一样感觉的，而且蒂的部位一定要圆润，如果蒂部再带着淡淡的青色，就是最沙最甜的了。

不要买头尖和底很高的，整体看起来都比较光滑圆润的才是好的，带尖儿的都是春天快速催熟的东西抹多了造成的。

选番茄要选颜色粉红、浑圆，表皮有白色的小点点的。

催熟的番茄多为反季节上市，大小通体全红，手感很硬，外观呈多面体，掰开一看子呈绿色或未长子，瓤内无汁；而自然成熟的番茄蒂周围有些绿色，捏起来很软，外观圆滑，而子粒是土黄色，肉质红色、沙瓤、多汁。

去除番茄皮的技巧

把开水浇在番茄上，或者把番茄放入开水里焯一下，番茄的皮就能很容易地被剥掉了。

把番茄从尖部到底部都细细地用勺刮一遍，使番茄的外皮和内部的果肉贴得更紧密。这时再用手撕番茄皮，就很容易了。

甜豆

甜豆属于豆科豌豆属一年生攀缘草本植物。由原产于地中海和中亚的粮用豌豆而来。豌豆早在公元前六千年，在近东和希腊新石器部落时期已有栽培，中国从汉朝起就开始栽培。

甜豆，结荚饱满，颜色青绿，外型美观，营养丰富，食味甜脆爽口，深受消费者欢迎。甜豆又叫甜荷兰豆。是豆科属一年生攀缘草本植物。食用嫩荚。甜豆幼苗也可采摘食用，称为“豌豆尖”，因其蔓延的形状，它在有些地方被称作“龙须菜”。

甜豆分大荚种及小荚种，盛产期为11月至次年3月，甜豆的豆荚及豆粒都十分甜美且脆嫩。由于甜豆所含蛋白质凝激素的量小于四季豆，故其毒性也小于四季豆。所以从营养价值和毒性大小来看，甜豆的食用适应性更胜一筹。

【选购】

选购时以豆荚青绿鲜嫩，不萎缩，兼没斑点为上品，豆粒愈饱满愈甜。

四季豆

四季豆又叫菜豆、架豆、刀豆、扁豆，在我国北方叫豆角等，是餐桌上的常见蔬菜之一。

四季豆无论单独清炒，还是和肉类同炖，或是焯熟凉拌都很符合人们的口味。但是要注意的是，四季豆含皂甙和血球凝集素，食用不当可引致食物中毒。食用时若没有熟透，则会发生中毒。经及时治疗，大多数病人在2～4小时内即可恢复健康，为防止中毒发生，扁豆食前应处理，可用沸水焯透或热油煸，直至变色熟透，方可安全食用。

小提示

(1) 烹调前应将豆筋摘除，否则既影响口感，又不易消化。

(2) 烹煮时间宜长不宜短，要保证四季豆熟透，否则会发生中毒。

(3) 为防止中毒发生，食前应加处理，可用沸水焯透或热油煸，直至变色熟透，方可安全食用。

四季豆中毒的处理方法

（1）轻症中毒者，只须静卧休息，少量多次地饮服糖开水或浓茶水。

（2）中毒严重者，若呕吐不止，造成脱水，或有溶血表现，应及时送医院治疗。

（3）民间方用甘草、绿豆适量煎汤当茶饮，有一定的解毒作用。

土豆·小土豆

土豆，学名马铃薯。土豆是目前世界上除了谷物以外，用作人类主食的最重要的粮食作物，主要食用其地下块茎。在我国各地土豆的称呼有不同，大部分地区称土豆，华北（晋语）称山药蛋，西北西南与两湖称洋芋，江浙一带称洋山芋，广东及香港称之为薯仔。

17世纪时，土豆已经传播到我国，由于土豆非常适合在原来粮食产量极低，只能生长莜麦的高寒地区生长，很快在内蒙古、河北、山西、陕西北部普及。土豆和玉米、番薯等从美洲传入的高产作物成为缺食地区的主要食品。

吃土豆不必担心脂肪过剩，因为它只含0.1%的脂肪，认为吃土豆会导致肥胖其实是曲解，真正造成肥胖的是与土豆相配的其他配料。

小提示

(1) 做土豆菜削皮时，只应该削掉薄薄的一层，因为土豆皮下面的汁液有丰富的蛋白质。去了皮的土豆如不马上烧煮，应浸在凉水里，以免发黑，但不能浸泡太久，以免使其中的营养成分流失。

(2) 去皮的土豆应存放在冷水中，再向水中加少许醋，可使土豆不变色；把新土豆放入热水中浸泡一下，再入冷水中，则很容易削去外皮。

(3) 土豆要用文火煮烧，才能均匀地熟烂，若急火煮烧，会使外层熟烂甚至开裂，里面却是生的。

(4) 粉质土豆一煮就烂，即使带皮煮也难保持完整。如果用于凉拌或做土豆丁，可以在煮土豆的水里加些腌菜的盐水或醋，土豆煮后就能保持完整。

紫薯

紫薯肉呈紫色至深紫色。为近些年的引进杂交品种。

它除了具有普通红薯所富含的蛋白质、淀粉、果胶、纤维素、氨基酸、维生素及多种矿物质之外，还富含硒元素和花青素，营养值很高。

但吃紫薯时要注意一定要蒸熟煮透。

紫薯不宜和柿子同时食用。紫薯的主要成分是淀粉，进食以后会产生大量果酸，如果与柿子同时食用，果酸可与柿子的单宁、果胶起凝聚作用，形成胃结石。

食用紫薯不宜过量，中医诊断的湿阻脾胃、气滞食积者应慎食，以免造成消化不良。

山药

山药是薯蓣的块根。薯蓣为多年生草本植物，其块根含淀粉和蛋白质。通常在冬季采挖。

现国内有三个地方的山药已申请了国家地理标志保护产品，一种是产于河南焦作的“铁棍山药”，一种是产自山东省菏泽市陈集镇的“陈集山药”，还有一种是产地为湖北武穴的“佛手山药”。

山药质地细腻，味道香甜，不过，山药皮容易导致皮肤过敏，所以最好削皮后食用。另外，削完山药的手不要乱碰，马上多洗几遍手，要不然就会抓哪儿哪儿痒；好的山药外皮无伤，带黏液，断层雪白，黏液多，水分少。可鲜炒，或晒干煎汤、煮粥。切记去皮食用，以免产生麻、刺等异常口感。

【选购】

选购山药时首先要掂重量，大小相同的山药，较重的更好。其次看须毛，同一品种的山药，须毛越多的越好。须毛越多的山药口感更面，含山药多糖更多，营养也更好。最后再看横切面，山药的横切面肉质应呈雪白色，这说明是新鲜的，若呈黄色似铁锈的切勿购买。

小提示

(1) 山药切片后需立即浸泡在盐水中，以防止氧化发黑。

(2) 新鲜山药切开时会有黏液，极易滑刀伤手，可以先用清水加少许醋洗，这样可减少黏液。

(3) 山药不要生吃，因为生的山药里有一定的毒素。山药也不可与碱性药物同服。

百合·百合干

百合是百合科百合属，多年生草本球根植物，主要分布在亚洲东部、欧洲、北美洲等北半球温带地区，全球已发现有百多个品种，我国是其最主要的起源地，有些品种可作为蔬菜食用和药用。

食用百合选择的是百合的肉质鳞茎，鲜食干用均可。百合本身就汇集了观赏、食用及药用价值，就其生长年限可分为一年生、两年生、多年生百合。百合是我国传统出口特产，国人的自我消费也连年攀升。

兰州百合是甘肃省的名优特产，色泽洁白如玉、肉质肥厚香甜。但鲜百合不易保存。为此，每年大量的鲜百合需要加工成百合干。合格的百合干呈现白色或微黄色，肉质略呈透明；鳞片状，干爽，肉质略带韧性；具有百合特有的滋味及气味。

中医认为百合具有润肺止咳、清心安神的作用，尤其是鲜百合更甘甜味美。百合特别适合养肺、养胃的人食用。冬季需要润肺、养胃的人越来越多。但由于百合偏凉性，胃寒的患者少用。

百合可清心润肺、安神定志，很适合失眠困扰的人食用。

洋葱

洋葱为百合科草本植物，二年生或多年生植物，是一种很普通的蔬菜。原产亚洲西部，在我国各地均有栽培，四季都有供应。洋葱供食用的部位为地下的肥大鳞茎(即葱头)。根据其皮色可分为白皮、黄皮和红皮三种。

其中白皮洋葱种鳞茎小，外表白色或略带绿色，肉质柔嫩，汁多辣味淡，品质佳，适于生食。洋葱的鳞茎和叶子可食，主要作调味用。洋葱含有大蒜素，有很强烈的刺激味道。切洋葱时，这种味道会刺激人的眼睛，使之流泪。虽然生的时候味道辛辣，但是烹饪之后不会太刺激。

【选购】

选购洋葱，其表皮越干越好，包卷度愈紧密愈好。从外表看，最好可以看出透明表皮中带有茶色的纹理。并以葱头肥大，外皮光泽，不烂，无机械伤和泥土，鲜葱头不带叶；经贮藏后，不松软，不抽苔，鳞片紧密，含水量少，辛辣和甜味浓的为佳。

常见洋葱有橘黄色皮和紫色皮两种，最好选择橘黄色皮的，这种洋葱每层比较厚，水分比较多，口感比较脆；紫色皮的水分少，每层比较薄，易老。洋葱所含香辣味对眼睛有刺激作用，患有眼疾、眼部充血时，不宜切洋葱。

大蒜

大蒜，多年生草本植物，百合科葱属。地下鳞茎分瓣，按皮色不同分为紫皮种和白皮种。辛辣，有刺激性气味，可食用或供调味，亦可入药。西汉时大蒜种从西域传入我国，经人工栽培繁育深受大众喜食。我国传统蒜种为独子蒜。

蒜呈扁球形或短圆锥形，外面有灰白色或淡棕色膜质鳞皮，剥去鳞叶，内有6～10个蒜瓣，轮生于花茎的周围，茎基部盘状，生有多数须根。每一蒜瓣外包薄膜，剥去薄膜，即见白色、肥厚多汁的鳞片。大蒜有浓烈的蒜臭，味辛辣。大蒜的种类繁多，依蒜头皮色的不同，可分为白皮蒜和紫皮蒜；依蒜瓣多少，又可分为大瓣种和小瓣种。我国食用大蒜的年代较晚，大约是汉朝张骞出使西域后才引进的。大蒜既可调味，又能防病健身，常被人们称誉为“天然抗生素”。

【选购】

白皮蒜：蒜瓣外皮呈白色，辣味淡，耐寒，耐贮藏。白皮蒜有大白皮和狗牙蒜两种，前者蒜头大，瓣均匀，后者蒜瓣极为细碎（多者20～30瓣），食用时剥皮费工。

紫皮蒜：蒜瓣外皮呈紫红色，瓣少而肥大，辣味浓厚，品质佳。

蒜苗

蒜苗，又名青蒜。华东（上海地区）有些地方也叫大蒜，在这些地方提及“蒜苗”指的是“蒜薹”，是大蒜的花茎。蒜苗的辛辣味比大蒜要轻，加之它所具有的蒜香能增加菜肴的香味，因此更易被人们所接受。

但是需要注意的是，消化功能不佳的人宜少吃蒜苗。否则易引发消化不良等症状。

香葱

香葱又称冬葱、火葱、细香葱或四季葱，属百合科葱属，是一种多重生宿根的草本植物，香葱为鲜绿色，葱叶长而空心，茎柔细而香，含有颇多的挥发油，烹调加热后便会迅速在空气中释放，为不同菜肴添香。

姜

姜，姜科姜属植物，也称“生姜”，为植物姜的干燥根茎或鲜根茎，多年生草本植物。我国自古栽培，周朝已食用。根据外皮色，姜可分为白姜、紫姜、绿姜（又名水姜）、黄姜等。开有黄绿色花并有刺激性香味的根茎。呈灰白或黄色，具有辛辣味。姜经过泡制可作为中药材使用。

姜作为一种极为重要的调味品，同时也可作为蔬菜单独食用。另外，姜还是一味重要的中药材。它可将自身的辛辣味和特殊芳香渗入到菜肴中，使之鲜美可口，味道清香。

姜按用途和收获季节不同有嫩姜和老姜之分。嫩姜多在8月挖掘，一般含水多，纤维少，辛辣味淡薄，除做调味品外，尚可炒食，做姜糖等；老姜多在11月挖掘，水分少，辛辣味浓，主要用作调味。

彩椒·甜椒

彩椒是甜椒中的一种，因其色彩鲜艳，多色多彩而得其名。属于杂交植物。彩椒主要有红、黄、绿、紫四种。其果大肉厚，甜中微辛，汁多甜脆，色泽诱人，可促进食欲，并能舒缓压力，可作为多种菜肴的配料，是一种高档蔬菜。

彩椒含丰富维生素C、维生素B及胡萝卜素。胡萝卜素为强抗氧化剂，可抗白内障、心脏病和癌症。由于彩椒是选用具有不同颜色花青素的遗传基因培育而成，因而有紫茄色、金黄色或橙红色皮的果实。在各色彩椒中，越红的彩椒营养越多，所含的维生素C远胜于其他柑橘类水果，有利于增强人体免疫功能，提高人体的防病能力。其中的椒类碱能够促进脂肪的新陈代谢，防止体内脂肪积存，从而减肥防病。

彩椒可以生吃，食用前先对半切开，去蒂及去子，洗净即可食用。不仅可改善黑斑及雀斑，还有消暑、补血、消除疲劳、预防感冒和促进血液循环等功效。

如果要加热，最好用大火快炒，以保持口感清脆和其营养成分。

挑选时选择外皮紧实、表面有光泽的甜椒为好。

彩椒并不是转基因食品，因此可以放心食用。

辣椒

辣椒，又叫番椒、海椒、辣子、辣角、秦椒等，是一种茄科辣椒属植物。辣椒属，为一年或多年生草本植物。果实通常成圆锥形或长圆形，未成熟时呈绿色，成熟后变成鲜红色、黄色或紫色，以红色最为常见。辣椒的果实因果皮含有辣椒素而有辣味。能增进食欲。辣椒中维生素C的含量在蔬菜中居第一位。辣椒传入我国有两条路径，一是声名远扬的丝绸之路，从西亚进入新疆、甘肃、陕西等地，率先在西北栽培；一是经过马六甲海峡进入我国，在南方的云南、广西和湖南等地栽培，然后逐渐向全国扩展，到现在，全国几乎是没有辣椒种植的空白地带了。

切辣椒不辣手的方法：

辣椒中产生辣味的物质是一种统称为辣椒素的辣椒碱。切辣椒时，辣椒素沾在皮肤上，会使微血管扩张，导致皮肤发红、发热，并加速局部的代谢率。同时，还会刺激痛觉神经，这就是我们平时觉得烧手的原因。遇到这种情况用一点食醋搓手，就不辣手了。辣椒中产生辣的物质叫辣碱，而醋为酸性，可以中和辣碱带来的不适感觉。或者可以用白酒擦洗后， 再用清水冲洗，手马上就不辣痛了。

经常食用辣椒的好处是可以开胃消食，暖胃驱寒。辣椒还可以促进血液循环，从而起到保护心脏，降低血压的作用。

第2章　菌类

据说，食用和人类关系越远的食物越健康。菌类就是这样的健康食物。

口蘑

口蘑是生长在蒙古草原上的一种白色伞菌属野生蘑菇，味道异常鲜美，由于蒙古土特产以前都通过河北省张家口市输往内地，张家口是蒙古货物的集散地，所以被称为“口蘑”。

口蘑尽量用新鲜的，个小均匀的，洗净后开水一烫投入冷水中，可搭配很多凉拌菜。

小提示 口蘑宜配肉菜食用；最好吃鲜口蘑，别用罐头。市场上有泡在液体中的保鲜口蘑，食用前一定要多漂洗几遍，以去掉某些化学物质。

平菇

平菇是侧耳科植物，侧耳的子实体。原名侧耳，中国古称“天花菜”“槐莪”，欧美各国称“蚝菌”，日本人又称造口蘑。野生或栽培均有。夏、秋季采收，洗净鲜用，或晒干留用。

平菇口感好、营养高、不抢味，可以炒、烩、烧。但鲜品出水较多，易被炒老，须掌握好火候。

小提示 购买平菇时，应选择菇形整齐不坏，颜色正常的。鲜的平菇质地脆嫩而肥厚，气味纯正清香，无杂味、无病虫害，菌伞的边缘不是翻张开，而是向内卷曲呈八成熟的。

香菇

又名冬菇、香蕈、北菇、花菇，是一种食用真菌。

香菇是世界第二大食用菌，也是我国特产之一，在民间素有“山珍”之称。它是一种生长在木材上的真菌。味道鲜美，香气沁人，营养丰富。香菇是含有高蛋白、低脂肪、多糖、多种氨基酸和多种维生素的菌类食物。

素三鲜中，香菇往往作为第一鲜出现。在斋食中，香菇亦为重要原料之一。

【选购】

(1)香菇的品质要求：以菇香浓，菇肉厚实，菇面平滑，大小均匀，色泽黄褐或黑褐，菇面稍带白霜，菇褶紧实细白，菇柄短而粗壮，干燥、不霉、不碎的为优良品质。

(2)长得特别大的鲜香菇不要吃，因为它们多是用激素催肥的，大量食用可对机体造成不良影响。

小提示

(1) 发好的香菇要放在冰箱里冷藏才不会损失营养。
(2) 泡发香菇的水不要丢弃，很多营养物质都溶在水中。
(3) 把香菇泡在水里，用筷子轻轻敲打，泥沙就会掉入水中。
(4) 如果香菇比较干净，则只要用清水冲净即可，这样可以保存香菇的鲜味。

蟹味菇

蟹味菇中文正名“真姬菇”，又名“玉蕈”“斑玉蕈”“荷叶离褶伞”，因它具有独特的蟹鲜味，故有人称它为蟹味菇、海鲜菇。

白玉菇

白玉菇属于伞菌目、口蘑科、白蘑属，是食用菌。营养丰富，含有大量多糖和各种维生素，经常实用会改善人体的新陈代谢，降低胆固醇含量。

白玉菇通体洁白，晶莹剔透，给人以全新的视觉效果；在口感表现上更为优越，菇体脆嫩鲜滑，清甜可口，是极具品味的美味佳肴。

白玉菇中含有人体难以消化的粗纤维、半粗纤维和木质素，可保持肠内水分平衡，还可吸收余下的胆固醇、糖分，将其排出体外。

茶树菇

茶树菇，是集高蛋白，低脂肪，低糖份，保健食疗于一身的纯天然无公害保健食用菌。在我国主要生产地为福建古田县。

挑选茶树菇的时候需要注意选择那些粗细、大小一致的。假如您所挑选的茶树菇大小不统一的话，就意味着这些茶树菇不是一个生长期的，也就意味着这里面掺有陈年的茶树菇。

要选择那些菇杆色比较淡，稍微有些棕色的好些。

另外，挑选的重点就是，茶树菇是否有清香味。闻起来有霉味的茶树菇是绝对不可以买的。

用温水把茶树菇泡上10分钟。这样泡一泡，主要是为了把伞茎里面的杂质去除得更干净。茶树菇泡够10分钟以后，就可以洗净改刀了。相比其他菌类，茶树菇的柄质脆嫩，只有茶树菇的柄是适合入菜的。

金针菇

金针菇为常见的食用菇，又名金菇、金菇菜。金针菇属于木栖腐生菇的一种，人工种植亦使用此方法。

金针菇不含叶绿素，不能光合作用，不能制造碳水化合物，完全可在黑暗环境中生长，分为黄白两色，黄色菇体颜色随光照增强而加深。浓色品系金针菇菌盖软滑，菌柄脆嫩，香味浓郁，适于生产鲜菇内销。

白色品系金针菇菇体洁白，适合加工成出口商品。因其味淡，内销有时不及浓色品系金针菇受欢迎。

经常食用金针菇，可以预防和治疗肝脏病及胃、肠道溃疡。高血压患者、肥胖者和中老年人也适合食用，这主要是因为它是一种高钾低钠食品。金针菇性偏凉，脾胃虚寒者不宜吃得太多。

杏鲍菇

杏鲍菇，又名刺芹侧耳，是近年来开发栽培成功的集食用、药用、食疗于一体的珍稀食用菌新品种。杏鲍菇体具有杏仁香味，肉质肥厚，口感鲜嫩，味道清香，营养丰富，与其他一般品种的平菇、香菇、鸡腿菇等的区别是：组织紧密、富有弹性，采摘后保存的时间较长。

杏鲍菇肉质肥嫩，适合炒、烧、烩、炖、做汤及火锅用料，亦适宜西餐；即使做凉拌菜，口感都非常好，加工后口感脆、韧，呈白至奶黄色，外观好。

【选购】

一些特白的杏鲍菇出现在蔬菜批发交易市场内，经检测，这些杏鲍菇涂有荧光物质，购买时要注意辨别。

杏鲍菇表面很容易被碰伤，伤口处容易被氧化，变成褐色，所以，褐色的杏鲍菇，才是杏鲍菇正常的颜色。放入投有荧光漂白剂的水里后，杏鲍菇会变白、变亮，从而加长杏鲍菇保鲜时间，保持产品色泽。但是荧光物质被人体吸收后，不容易被分解，会加重体内脏器的负担，增加致癌风险。为此，最好挑选沾有泥土、比较干燥的杏鲍菇。

有一个简易鉴别杏鲍菇是否经使用过荧光漂白剂的方法，就是把杏鲍菇靠近验钞机，让紫外线照，如发出荧光，就是被荧光物质浸泡的杏鲍菇。

第3章 水果/干果

水果和干果，不仅可直接食用，做成菜肴，那也是滋味独特的。用果类做菜，让餐桌更加色彩缤纷。

菠萝

菠萝原名凤梨，原产巴西，16世纪时传入我国，有70多个品种，为岭南四大名果之一。

菠萝中含有的“菠萝蛋白酶”是引起过敏反应的物质，清除这种过敏物质，可以采用泡热水或浸泡盐水的方式。菠萝放冰柜里冰后食用，会更香甜可口。在广东潮汕沿海一带也有用酱油代替盐水蘸取食用的方法，风味不俗。菠萝也是食品深加工的原料之一，产品如凤梨酥。

【选购】

优质菠萝的果实呈圆柱形或两头稍尖的卵圆形，大小均匀适中，果形端正，芽眼数量少。成熟度好的菠萝表皮呈淡黄色或亮黄色，两端略带青绿色，上顶的冠芽呈青褐色；如果菠萝的果实顶部充实，果皮变黄，果肉变软，呈橙黄色，说明它已达到九成熟。这样的菠萝果汁多，糖分高，香味浓，风味好。

切开后，果目浅而小，内部呈淡黄色，果肉厚而果芯细小的菠萝为优质品；劣质菠萝果目深而多，内部组织空隙较大，果肉薄而果芯粗大；未成熟菠萝的果肉脆硬且呈白色。

用手轻轻按压菠萝，坚硬而无弹性的是生菠萝；挺实而微软的是成熟度好的；过陷甚至凹陷者为成熟过度的菠萝；如果有汁液溢出则说明果实已经变质，不可以再食用。

如果不是立即食用，最好选果身尚硬，色泽为浅黄带绿，约七八成熟的为佳。

草莓

草莓是蔷薇科草莓属植物中最常见的一种，属多年生草本植物，原产欧洲，是栽培最广泛的草莓品种。

我们所见到的草莓食用部分是假果，不同于大多数水果由子房发育而成，草莓的果实是由花托发育而成，换言之，我们吃的并不是草莓的果实，而是花托在传播花粉后变大的部分，真正的草莓果实反倒是布满草莓表面的众多小点。

【选购】

购买的时候应该尽量挑选色泽鲜亮，有光泽，结实，手感较硬者，尽量挑选表面光亮、有细小绒毛的。太大的和过于水灵的草莓不能买；另外，不要买长得奇形怪状的畸形草莓。

柠檬

柠檬为芸香科常绿小乔木，原产马来西亚，目前地中海沿岸、东南亚和美洲等地都有分布，中国台湾、福建、广东、广西等地也有栽培。美国和意大利是柠檬的著名产地，而法国则是世界上食用柠檬最多的国家。柠檬的果实为椭圆形柑果，黄色或红色而有光泽，皮薄，果肉极酸。

烹饪有膻腥味的食品，可将柠檬鲜片或柠檬汁在起锅前放入锅中，可去腥除腻。

柠檬还可榨汁食用。柠檬汁是一种鲜美爽口的饮料，其制作十分简单方便，直接用鲜果压榨出果汁，再配以糖、冰块、冰水，搅拌后即可饮用。目前，柠檬汁已被世界各地的人们所接受。

绿色的莱姆（Lime）与黄色的柠檬（Lemon）两者味道非常接近，同一属，不同种。是两个不同的柑橘种类，果实的用途与植株生长特性相近，但莱姆的果实无子、皮薄而较光滑，果形短，呈椭圆形，果肉淡绿色，颗粒较小。

番木瓜

番木瓜属灌木。果皮光滑美观，果肉厚实细致、香气浓郁、汁水丰多、甜美可口、营养丰富，有“百益之果”“水果之皇”“万寿瓜”之雅称，是岭南四大名果之一，因其外形与原产于我国的木瓜类似，又是从我国之外传入，故名番木瓜。番木瓜的果汁是制作传统松肉粉的主要成分。

番木瓜果肉质厚、软、甜，有香味。果肉可鲜食，榨汁加牛奶，名为“木瓜牛奶”，是台湾有名饮品。

【选购】

选择木瓜时，一般挑果径粗大的，表面斑点多，颜色刚刚发黄，摸起来不是很软的那种。如果表面上还有点胶质的东西，那没关系，是糖胶，这样的会比较甜。

买木瓜如果要马上吃，就要挑黄皮的，但是不可以太软，这样的木瓜才甜而不烂。

如果做木瓜排骨汤之类的，要买没有完全成熟的青皮木瓜，这种木瓜当然是比较硬的，一般不生吃。成熟的时候一般皮就黄了，可以当水果吃。如果做甜品的话，就要买红色的夏威夷木瓜，很甜。

白果

白果是银杏科乔木植物银杏的种仁。又称白果仁、鸭脚子。银杏树又名白果树、公孙树，是世界上最古老的树种之一，为我国特产植物。西南、华东等多数地区有栽培。

白果个如杏核大小，色洁白如玉，其味甘、苦、涩，过食易引起腹泄。秋季采收成熟果实，除去肉质的外种皮，洗净，去硬壳或经蒸炒后晾干备用，也可鲜食。

松子

松子又名松子仁、海松子等，不仅是美味的食物，更是食疗佳品，它是重要的中药，含脂肪、蛋白质、碳水化合物等。久食健身心，滋润皮肤，延年益寿，因而有“长寿果”之称，松子是大脑的优质营养补充剂，特别适合用脑过度的人群食用，备受历代医家、营养学者所推崇。这与其独特保健功效和营养价值是密不可分的。

挑选时要选颗粒仁丰满、大而均匀、色泽光亮、干燥者。

莲子

莲子，是睡莲科水生草本植物莲的种子。又称莲实、莲米、莲肉。莲，又称荷芙蓉、水芝。我国大部分地区均有出产，而以江西广昌福建建宁产者最佳。秋、冬季果实成熟时，割取莲房（莲蓬），取出果实；或取坠入水中，沉于泥内的果实，除去果壳，鲜用或晒干用。

莲子最忌受潮受热，受潮容易虫蛀，受热则莲心的苦味会渗入莲肉，因此，莲子应存于干爽处。莲子一旦受潮生虫，应立即日晒或火焙，晒后需摊晾两天，待热气散尽凉透后再收藏。但是需要注意晒焙过的莲子的色泽和肉质都会受影响。

芡实

睡莲科水生草本植物芡的种子。又称鸡头实、水生鸡头、刺莲蓬实。分布于我国中南、西南、华东、东北等地。秋季割取成熟果实，除去外果皮，取出种子，压碎硬壳，取仁晒干用。

市场上见到的芡实多为球形，多为半球形碎粒。表面有红棕色内种皮，一端黄白色。质较硬，破碎面白色，粉性。味淡。

由于芡实容易消化，内含营养素极容易被人体吸收。夏天炎热季节脾胃功能衰退，进入秋凉后功能尚差，及时食用本品，不但能健脾益胃，又能补充营养。

核桃

核桃，原产于近东地区，又称胡桃、羌桃，与扁桃、腰果、榛子并称为世界著名的“四大干果”。既可以生食、炒食，也可以榨油，配制糕点、糖果等，不仅味美，而且营养价值很高。

【选购】

核桃以个大圆整，壳薄白净，出仁率高，干燥，桃仁片张大，色泽白净，含油量高者为佳。挑选方法应以取仁观察为主。果仁丰满为上，干瘪为次；仁衣色泽以黄白为上，暗黄为次；褐黄更次。

为了迎合消费者对外观的喜好，很多核桃经营户对核桃表皮进行漂白，经过漂白的核桃会含有一些不健康的物质，没有漂白的核桃才是符合安全食用标准的核桃。

小提示

如果想剥出完整的核桃仁，可以把核桃放在蒸屉内蒸上3~5分钟，取出即放入冷水中浸泡3分钟，捞出来用锤子在核桃四周轻轻敲打，破壳后就能取出完整核桃仁。

桂圆干

桂圆干又名益智、龙眼肉，为龙眼的成熟果实。

优质的桂圆干壳硬而脆，手捏易碎，用齿咬核核易碎且有声响，肉质厚实，色黄亮，果肉表层有一层极细致的皱纹，果柄部有一圈红色。肉头与壳核相粘，手触果肉不粘，肉与核易剥离。味甜，带清香，吃时无干硬感觉，嚼后少渣。

挑选的时候要注意选择外观颗粒圆整，大小均匀，壳黄色的。

花生米

花生米是指去掉花生壳的花生仁，也就是花生的种子。

花生米含有大量蛋白质，营养价值很高，是一种比较利于增脂的食品。花生米有很多吃法，一般的吃法有生食、油炸、炒、煮等等。

由于市场上外皮红色和紫色的花生零售价比白色花生偏高，很多小贩为了商业利益，在炒花生之前用桃红色素把白色花生米染红。

染色花生米的鉴定方法：首先从外观上看，红皮花生米的一端有“小白点”，如果花生米全部呈红色有可能被染色；其次，花生米红衣很薄，如经过染色，可以看到红衣内侧也是淡红的。另外可将一粒湿红花生米放在白纸上用力摩擦，如果花生米经过染色，就会在白纸上留下红色。

红枣

红枣又名大枣、干枣、枣子，起源于中国，在中国已有四千多年的种植历史，迄今已经培育出许多品种。自古以来就被列为“五果”(桃、李、梅、杏、枣)之一，历史悠久。

红枣果实椭圆形或球形，长2~3.5厘米，直径1.5~2.5厘米。表面暗红色，略带光泽，有不规则皱纹。基部凹陷，有短果柄。外果皮薄，中果皮棕黄色或淡褐色，肉质，柔软，富糖性而油润。果核纺锤形，两端锐尖，质坚硬。气微香，味甜。

枣忌与虾皮、葱、鳝鱼、海鲜、动物肝脏、黄瓜、萝卜等同食。

第4章 调料

五花八门的调料，辨认起来是有难度的，会买调料，会用调料才是合格好主妇。

调料和香辛料的分类

调料

菜肴原料一般包括主料、辅料、调料，调料是其中重要的一种，主要作用是调和菜味，使之更加可口，是家中厨房每天都要使用的东西。一般来说，可分为以下几种：

●调料分类

类别	代表品种
动物类	虾酱、鱼露、鱼子酱
植物类	葱、姜、蒜
矿物类	盐
酿造类	酱油、醋、酒
复合类	沙茶酱、排骨酱、辣椒酱

此外，还可根据不同情况、不同需要随时调制出符合菜肴的复合调料。如川菜中常用的复式酱油就是一种复合型的调料，川菜之所以红遍大江南北，与它独特的调料运用是分不开的。

我国幅员辽阔，各地都有自己的代表性调味料，加上现在越来越丰富的物质生活，调料在我们日常生活中有着不可取代的地位，平日大家欢聚在一起的时候，来一盘使用家乡特有的调料做出的小菜，一定会为这桌美味增色不少，也多了几分话题。

香辛料

据国内外的实际应用情况的发展趋势来看，所谓的香辛料与香草已无区别，香草可不是特指某一种草，是指很多种有特殊香味的植物。人们把它们统称为香辛料。

另外还有一种说法，美国香辛料协会认为：凡是主要用来做食品调味用的植物，均可称为香辛料。

香辛料在烹调中用得好，菜肴就受人欢迎，用得不好则大败胃口。香辛料不能多放，因为有一部分香辛料是药，有可能出现副作用。在香辛料使用中，一定要灵活增减。假如你是烹调高手，会让吃菜的人感到又香又好吃，但又说不出菜里边到底放有什么香辛料，那么，这就是把香辛料运用到了最佳境界。

常用的香辛料主要是指在食品调味调香中使用的芳香植物或由它们研磨成的粉末和精油。远在古代时的人们就开始有意识地将一些具有刺激性的芳香植物作为药物用于饮食，它们的共同特点是精油含量较高，有强烈的增味、增香作用，不仅能促进食欲，改善食品风味，而且还有杀菌防腐功能。

大致说来香辛料可以分为以下5类：

●香辛料分类

类别	代表品种
有热感和辣感	辣椒、姜、胡椒、花椒
辛辣作用	大蒜、葱、洋葱、韭菜、芥末
芳香性	月桂、肉桂、丁香、众香子、香荚兰豆、肉豆寇
香草类	茴香、甘草、百里香、迷迭香
带有上色作用	姜黄、红椒、藏红花

此外，还可根据需要提前做好一些混合香辛料，所谓混合香辛料，是将数种香辛料混合起来，使之具有特殊的混合香气。它的代表性品种有常用于中餐里的，用茴香、花椒、肉桂、丁香、陈皮等五种原料混合制成的五香粉。这种混合香料有很好的香味。

东南亚菜中有着很高使用频率的咖喱粉也是一种混合香辛料，它的组成成分一般是由香味为主的香味料、辣味为主的辣味料和色调为主的色香料等三部分组成。当然，具体做法并不局限于此，不断变换混合比例，还可以制出各种独具风格的咖喱粉。

此外还有复合辣椒粉等，主要成分是辣椒，另混有茴香、大蒜等，具有特殊的辣香味。

调味的几种基本味道

首先我们来谈谈五味之道：

●**酸：** 酸味为五味之一，在烹饪中应用十分广泛，但一般不宜单独使用。酸有收敛，固涩的效用，可助肠胃消化；还能去鱼腥、解油腻，提味增鲜，生香发色，开胃爽口，增强食欲，尤宜春季食用。

●**甜：** 甜味古称甘。

甘味用于甜味菜肴，往往都以冰糖和白糖作为甜菜味剂，红糖应用较少。为使甜味丰富多彩，各具特色，有时还加入玫瑰、桔红、桂花、蜜饯、鲜水果汁等辅助调料。调制时还应该注意各香料的配合恰当，如玫瑰不与橘子同用，桂花不与香蕉同用，苹果不与柠檬同用等。此外，甜味的甜度也要宜人，不要使人感觉口腻或背味。

甜味在烹饪中可单独用于调制甜味食品；也可以参与调剂多种复合味型，使食品甘美可口，还可用于矫味，去苦、去腥等，并有一定的解腻作用。自然界存在的天然甜味物如蜂蜜等，早已为人类所食用。在我国烹饪中历来都有南甜北咸之说法，南方应用甜味较多，以江苏的无锡菜用甜味最具代表性，其菜素有“甜出头，咸收口，浓油赤酱”之说。

●**苦：** 苦味为中国传统五味（酸、甜、咸、苦、辣）之一。苦味一般并不为人们所喜欢，它必须与其他味料配合，制成复合调味品，而且其掺入的比例要控制在极少的分量。苦味调料若与菜肴配合得当，别具余香，能刺激食欲与帮助消化。苦味调料主要来自中草药和香料，如陈皮、杏仁等。

在自然界中，苦味物质要比甜味物质的种类多得多，如分布于植物体内的生物碱、苷类、内脂和肽类等化合物，有不少就是属于苦味的；动物体内的胆汁也是具有很强苦味的。

苦味调料有很多，这些苦味调料入菜后，不仅赋予菜肴独特的风味，还有去暑解热、消除异味的作用。

●**辣：**这里需要强调一点：辣味和其他几种味觉有所不同，实际上辣的感觉是触觉、痛感而非味觉。不过由于习惯，我们在这里也把它当作一“味 ”来了解。说起这“辣”味，自然的就想到了我国以辣闻名的川菜。

四川人嗜好辣椒，这已经有很久的历史了。四川盆地属副热带湿润气候，四周环山的特殊地形，潮湿空气不宜外流，雾不宜消散，使盆地内年平均相对湿度高出人的体感舒适度，辣椒属热性，可去风除湿、发汗、健脾胃，用嗜好辣味来减轻潮湿对人体的影响，就是很自然的了。

●**咸：**咸味自古就被列为五味之一。因为烹饪应用中的咸味是主味，同时也是绝大多数复合味的基础味，素有“百味之主”之说。

不仅一般菜品离不开咸味，就是糖醋味、酸辣味等也要加入适量的咸味，才能使其滋味浓郁、适口。人类认识并利用咸味的历史已相当悠久，文献记载中国最早利用食盐约在五千年前的黄帝时期。

咸味调料包括：酱油、食盐、咸酱类调料。

食用油

调和油

调和油是指根据使用需要，将两种以上经精炼的油脂（香味油除外）按比例调配制成的食用油。调和油透明，可作熘、炒、煎、炸或凉拌用油。调和油一般选用精炼大豆油、菜子油、花生油、葵花子油、棉子油等为主要原料，还可配有精炼过的米糠油、玉米胚油、油茶子油、红花子油、小麦胚油等特种油脂。

山茶油

山茶油是使用山茶果提炼而成的食用油。又名油茶子油。油茶树生长在没有污染的亚热带南岭湿润气候区。整个生长过程中不施农药、化肥等。不含芥酸、胆固醇、黄曲霉素等对人体有害物质。色泽金黄或浅黄，品质纯净，澄清透明，气味清香，味道纯正。

橄榄油

橄榄油被认为是迄今所发现的油脂中最适合人体营养的油脂。由于橄榄油在生产过程中未经任何化学处理，所有的天然营养成分保存得非常完好，不含胆固醇，消化率可达到94%左右。橄榄油对婴幼儿的发育极为适宜，它的基本脂肪酸的比例与母乳非常相仿。无论是老年时期，还是生长发育时期，橄榄油都是人类的最佳食用油。

橄榄油可以给任何烹饪物增添独特风味，从浅淡到浓烈，从甜蜜到辛辣，样样俱全，品种多样世界卫生组织的调查结果表明：以橄榄油为食用油的希腊，心血管系统疾病和癌症发病率极低。究其原因，这与希腊当地居民长期食用橄榄油有密切关系。橄榄油无论食用还是外用，都能防止皮肤皱纹的出现，使皮肤有自然弹性、光泽而柔嫩，同时还有利于减肥。如果你既要减肥，又要保持皮肤细腻的话，就应该多用橄榄油。

橄榄油带有树榄果的清香，特别适合凉拌，也可用于烧煮煎炸。橄榄油一加热就会膨胀，所以烹制同一个菜，需要的量就比其他的油少。因其中的果味易挥发，保存时忌与空气接触，忌高温和光照，且不宜久存。

香油

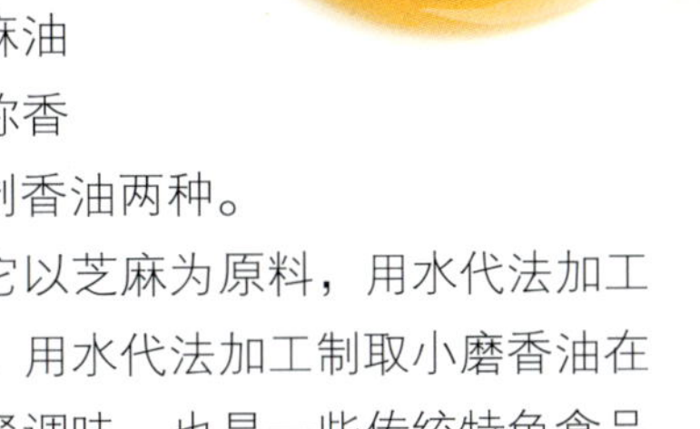

芝麻油简称麻油，俗称香油，是以芝麻为原料加工制取的食用植物油，属半干性油，它是小磨香油和机制香油的统称，具有浓郁或显著香味。

在加工过程中，芝麻中的特有成分经高温炒料处理后，生成具有特殊香味的物质，致使芝麻油具有独特的香味，有别于其它各种食用油，故称香油。按加工工艺不同，香油分为小磨香油和机制香油两种。

小磨香油简称小磨油，又称小磨香麻油。它以芝麻为原料，用水代法加工制取，具有浓郁的独特香味，是良好的调味油。用水代法加工制取小磨香油在我国已有四百多年历史。小磨香油主要用作佐餐调味，也是一些传统特色食品糕点的主要辅料。

机制香油又称香麻油、麻油。它以芝麻为原料，通过特定的工艺，用机榨制取，具有显著的芝麻油香味，用途与小磨香油相同。按国家标准，分为一级机制香油和二级机制香油。

【选购】

香油鉴别方法通常可以用以下方法完成：首先是闻其味，小磨香油香味醇厚、浓郁、独特。而掺进花生油、豆油或菜子油后的香油，不但香气差，而且会带有花生、豆腥等其他气味。其次可以观其色，好的香油，颜色淡红或红中带黄；机榨香油比小磨香油颜色淡。而菜子油颜色深黄，棉子油颜色黑红。

陈醋

酿成后存放较久的醋。浓褐色，液态清亮，醋味醇厚，具有少沉淀，贮放时间长，不易变质等特点。山西老陈醋是我国四大名醋之一。以高粱为主料。先加入多量酒曲，采用低温酒精进行发酵，然后再拌入谷糠麸皮经醋酸发酵。一半醋醅进行熏醅，另一半醋醅进行淋醋，以所得醋液再浸泡熏醅，淋得新醋。新醋再经夏日伏晒、冬季捞冰的长期陈酿和浓缩工序制成。

香脂醋

比起普通醋的稀薄，香脂醋黏稠而醇厚，味道酸中带甜，倒在蔬菜叶子上滴醋成珠，只要一点点便芳香四溢，对于南欧国家流行的风格清淡的沙拉来说，香脂醋的作用可就显得十分重要。普通的葡萄酒醋，是先酿成葡萄酒，然后再造醋，香脂醋却是用葡萄汁为原料直接酿造成醋。其发酵时间比普通醋更长，因而味道也更香醇温润。

生抽·老抽

生抽

颜色 生抽颜色比较淡，呈红褐色。生抽酱油是酱油中的一个品种，以大豆、面粉为主要原料，人工撒入种曲，经天然露晒，发酵而成。其产品色泽红润，滋味鲜美协调，豉味浓郁，体态清澈透明，风味独特。生抽作一般的烹调用，吃起来味道较咸。

用途 生抽用来调味，因颜色淡，故做一般的炒菜或者凉菜的时候用得多，生抽适宜凉拌菜，颜色不重，显得清爽。

老抽

颜色 老抽即浓酱油，是酱油的一种。老抽中加入了焦糖色、颜色很深，呈棕褐色有光泽的。

老抽是在生抽酱油的基础上，把榨制的酱油再晒制2~3个月，经沉淀过滤成的。老抽比生抽酱油更加浓郁。老抽是经过酿造发酵加工而成的酱油。吃到嘴里后有种鲜美微甜的感觉。

用途 一般用来给食品着色用。比如做红烧这类需要上色的菜时使用比较好。

如何辨别生抽和老抽

（1）看颜色： 可以把酱油倒入一个白色瓷盘里晃动查看颜色，生抽是红褐色的，而老抽是棕褐色并且有光泽的。

（2）尝味道： 生抽吃起来味道比较咸；老抽吃到嘴里后，有一种鲜美的微甜。

小提示 ▶ 生抽色浅，用于提鲜；老抽较咸，用于提色。

蚝油

蚝油的使用极为方便，调味范围十分广泛，凡是咸食均可用蚝油调味。随着我国各地人民的饮食习惯相互渗入和生活水平的提高，不仅广州人喜欢食用蚝油，其他地方的人也逐渐喜欢食用了。近年来我国餐馆在海外大量出现，蚝油也开始受到外国顾客的青睐，蚝油也随之畅销。蚝油在烹调中应用有一定的讲究，用蚝油调味应尽量避免与辛辣调料、醋和糖共享。因为这些调料均会掩盖蚝油的鲜味和有损其特殊风味。

蚝油若在锅里久煮会失去鲜味，并使蚝香味逃逸。一般是在菜肴即将出锅前或出锅后趁热加入蚝油调味为宜，若不加热调味，则味道将逊色些。

XO酱

XO酱是香港粤厨发明的一种调味料，采用数种材料合制而成。XO酱首先出现于20世纪80年代初期香港一些高级酒家，并于20世纪90年代开始普及化，而李锦记亦成为XO酱之先行者。

XO酱的材料没有一定标准，但主要都包括了瑶柱、虾米、金华火腿及辣椒等，味道鲜中带辣。

沙拉酱

沙拉酱是沙拉调味料中一类特色的调味酱料。在形态上属于半固体形态，是由植物油、食醋和鸡蛋为主要原料与调味料调制而成的健康调料，主要用于各种口味沙拉制作，也可用作汉堡等西式快餐的配料酱，沙拉酱保持了蛋黄的浓郁香醇，适用于各种口味沙拉的制作。

千岛酱

千岛酱属于沙拉调味料，在沙拉酱的基础上添加了酸黄瓜末，酸甜可口，适合制作各种火腿及海鲜类沙拉。

沙茶酱

原是印度尼西亚的一种风味食品。原来主要用作烤肉串的佐料，多用于羊肉、鸡肉的调味，味道辛辣。

沙茶酱盛行福建省、广东省等地的一种混合型调味品。色泽淡褐，呈糊酱状，具有大蒜、洋葱、花生米等特殊的复合香味、虾米和生抽的复合鲜咸味，以及轻微的甜、辣味。

沙茶酱可以直接蘸食佐餐，还可以调制别有风味的复合味，用以烹制沙茶牛柳、沙茶鸭脯等佳肴；它还可以配制港式新潮“沙咖汁”（加入海鲜、酱油、咖喱等配料制成）美味，以烹制沙咖牛腩煲、沙咖煸明虾等港派名菜，适宜于烧、焖、煨、涮、灼等烹调方法。

芝麻酱

芝麻酱是把芝麻炒熟、磨碎而制成的酱，有香味，用作调料。也叫麻酱。可以加在饭菜中食用，或作中式点心的馅料，还可做麻酱拌凉菜等。麻酱是常备香味调味品之一。

保存方法：用清洁容器盛装，存于阴凉、干燥、清洁处。酱上层可保持一层浮油隔绝空气，以抑制微生物繁殖。容器盖严，以免吸潮引起油脂败坏。

【选购】

在超市购买的成品芝麻酱应避免挑选瓶内有太多浮油的，因为浮油越少表示越新鲜。

海鲜酱

海鲜酱，是一种富有特色的调味品。有浓郁的鱼香味、海鲜味，可用于鱼香菜肴及各种味碟。

橄榄菜

橄榄菜是潮汕地区所特有的风味小菜，取橄榄甘醇之味，芥菜丰腴之叶煎制而成。

橄榄菜制作工艺可追溯至宋明时代，经加工制作后具“清、鲜、爽、嫩、滑”等特点，橄榄菜以色泽乌艳、油香浓郁、美味诱人而成为潮汕人日常居家的小菜美食。

韭菜花

韭菜花又名韭花，是秋天里韭白上生出的白色花簇，多在欲开未开时采摘。常磨碎后腌制成酱食用，农家多称之为“韭菜花”。韭菜花食之能生津开胃，增强食欲，促进消化。

韭菜花富含钙、磷、铁、胡萝卜素、核黄素、抗坏血酸等有益健康的成分。

番茄酱·番茄沙司

番茄酱是鲜番茄的酱状浓缩制品。呈鲜红色酱体，具番茄的特有风味，是一种富有特色的调味品，一般不直接入口。番茄酱由成熟红番茄破碎、打浆、去除皮和子等粗硬物质后，经浓缩、装罐、杀菌而成。番茄酱常用作鱼、肉等食物的烹饪佐料，是增色、添酸、助鲜、郁香的调味佳品。

番茄沙司是番茄酱加糖、醋、食盐在色拉油里炒熟调制出的一种酸甜的浓稠汁水。番茄沙司呈红褐色，酱状，质地细腻，味酸甜且可根据需要添加调味料，微有香辣味，主要用于西餐。

小提示 ▶ 番茄沙司和番茄酱最大的区别在于，番茄沙司可以直接食用，而番茄酱必须经过烹饪处理后才能食用。

法香

又叫做欧芹，主要使用部位是叶，叶片可用于各式肉类、鱼贝类料理，泡茶能帮够助消化、消除肠胃胀气并解酒，浸剂中加蜂蜜可治痉咳、感冒和喉咙痛。泡澡亦有舒缓和镇定神经之效，提炼精油有杀菌作用，并可加入雀斑膏制作，具有消除雀斑、修复老化皮肤的功效，亦可作制作香皂和漱口水。

藏红花

藏红花采自海拔5000米以上的高寒地区，藏红花又叫番红花或西红花，原产地在伊朗、希腊、小亚细亚、波斯等地，番红花是经印度传入西藏，由西藏再传入我国内地的。正因为如此，人们把由西藏运往内地的番红花，误认为西藏所产，称做“藏红花”。藏红花是驰名中外的“藏药”。其药效奇特，尤其以活血养血而闻名天下。也可用于烹制海鲜类或肉类菜肴。

薄荷叶

薄荷叶是植物薄荷的叶子，味道清凉，薄荷叶具有医用和食用双重功能，主要食用部位为茎和叶，也可榨汁服。在食用上，既可作为调味剂，又可作香料，还可配酒、冲茶等。利用薄荷叶5～10克，以热开水冲泡，待香味溢出即可以饮用，这是最为方便快捷的饮用方式，如果夏季以带盖器皿冲泡，可以避免薄荷油挥发，待凉后饮用，会让人心旷神怡。

新鲜薄荷常用于制作料理或甜点，以去除鱼及羊肉腥味，或搭配水果及甜点，用以提味。

薄荷为烹饪原料及调料。传统上用以调制羊肉，亦可用作增香调料，如薄荷汤、薄荷粥等。留香薄荷则作糖果、糕点、饮料的调味品。

新鲜薄荷宜包入塑料袋中，置入冰箱冷藏；或放入冰盒，做成冰块保存。干燥薄荷可放入密封罐、保鲜盒中，摆于干燥、阴凉通风处保存，或放入冰箱冷藏。

可可粉

是使用可可树结出的豆荚（果实）里取出的可可豆（种子），经发酵、粗碎、去皮等工序得到的可可豆碎片（通称可可饼），由可可饼脱脂粉碎之后的粉状物，即为可可粉。

可可粉是经清杂、焙炒、脱壳、磨浆、压榨、制粉等工序精制而成的。香味纯正，粉质细腻，无杂质、无焦粒。可可粉按其含脂量分为高、中、低脂可可粉；按加工方法不同分为天然粉和碱化粉。各种规格的可可粉，颜色从浅棕色至深红色。可可粉具有浓烈的可可香气，直接用于巧克力和饮料的生产，亦可用于高档巧克力、冰淇淋、糖果、糕点及其他含可可的食品。

可可粉品质的鉴别

(1) 目测外观，品质较好的可可粉含水量较少，无结块等状态。

(2) 触摸可可粉，以粉质细腻的为优。

(3) 闻味道，以冲泡后香味醇厚、持久为上品。

小提示 天然可可粉中生物碱具有健胃、刺激胃液分泌、促进蛋白质消化、减少抗生素不能解决的营养性腹泻的作用。

马苏里拉

马苏里拉（Mozzarella）奶酪，别名“莫索里拉”“莫扎雷拉”等。

原产地是位于意大利南部坎帕尼亚（Campania）和那布勒斯（Naples）地方出产的一种淡味奶酪，真正的马苏里拉奶酪是用水牛奶制作的，不过现代比较常见的是普通牛奶制品，普通牛奶制品色泽淡黄，含乳脂约50%，正宗水牛奶制品色泽很白，有一层很薄的光亮外壳。

水牛奶制作的马苏里拉适合单独品尝，而普通牛奶制作的马苏里拉与其他食品搭配通常使得风味得以加强，奶香味浓郁，一般来说，马苏里拉配西红柿是一个非常大众化的选择。

马苏里拉是做比萨（Pizza）的首选奶酪，在烹饪时，马苏里拉变得相当黏稠，能拉出很多的丝，用别的奶酪可能就没有它的效果好了，正宗的西餐比萨一般都选用。

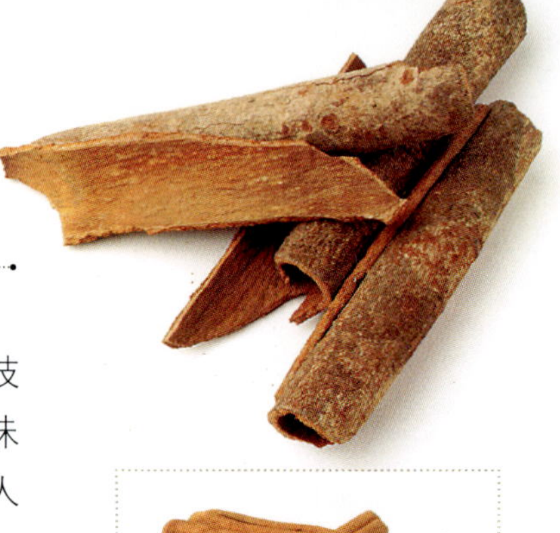

桂皮·肉桂

桂皮是樟科常绿乔木植物肉桂的干皮和粗枝皮，气味芳香，作用与茴香相似，常用于烹调腥味较重的原料，也是五香粉的主要成分，是最早被人类食用的香料之一。主要产于广东、广西、浙江、安徽、湖北等地，广西产量大且质好。产地亦有采鲜桂叶作调味的用法。

孜然

孜然在西餐调料中又被称作安息茴香子，为伞形花科孜然芹一年生草本植物的种子。它的原始产地在北非和地中海沿岸地区。孜然为重要调味品，气味芳香而浓烈，适宜肉类烹调，理气开胃，并可驱风止痛。

孜然在油爆或火烤后的香气会更明显，遇热后的孜然味道稍微会有所改变。

用孜然加工牛羊肉，可以去腥解腻，并能令其肉质更加鲜美芳香，增加人的食欲。

草果

草果为姜科植物草果的成熟果实，多年生草本，生于沟边林下，分布于广西和云南南部地区，果实成熟呈红褐色时采收，晒干或烘干后用。

草果果实呈椭圆形，表面棕色或红棕色，具三钝棱及明显的纵沟及棱线，先端有圆形柱基，基部有果柄或果柄痕。果皮坚韧，黄棕色或红棕色。气芳香，味辛、辣。以个大、饱满、色红棕、气味浓者为佳。

罗勒

罗勒也被称为九层塔、金不换。

罗勒大多数普通种类是一年生植物，少部分是多年生植物，罗勒常见于西式食谱中，也是泰式烹饪中常用的调料。我国闽南菜系中也将其新鲜植株作为常备调料。

罗勒非常适合与番茄搭配，不论是做菜，熬汤还是做酱，风味都非常独特。可用做比萨饼、意粉酱、香肠、汤、番茄汁、淋汁和沙拉的调料。

罗勒还可以和牛至、百里香、鼠尾草混合使用加在热狗、香肠、调味汁或比萨酱里，味道十分醇厚。许多意大利厨师常用罗勒来代替比萨草。

黄芪

黄芪是经常食用的纯天然品，产于我国华北诸省。黄芪来源于豆科植物黄芪或内蒙黄芪的干燥根。素有“补气诸药之最”之称，意思是说经常用黄芪煎汤或用黄芪泡水代茶饮，具有良好的防病保健作用。黄芪和人参均属补气良药，常服黄芪可以避免经常性的感冒。

日常烹饪的时候，可以在烧肉、烧鸡、烧鸭时，放一些黄芪，以增加滋补作用，效果也不错。

丁香

木犀科丁香属落叶灌木或小乔木。因花筒细长如钉且香故名。

丁香主要用作调味料，可矫味增香。常用于制作卤菜，在腌制食品、炒货、蜜饯的制作时配制调味。丁香亦用于制糕点和饮料。同时也为五香粉和咖喱粉的重要原料之一。

肉蔻

调味料，可去异味、增辛香。供制酱肉之用，亦为急汁的原料之一。肉蔻未经炮制去油，或用量过大，可引起中毒。通常情况下不用生品。

花椒

花椒，可孤植又可作防护刺篱。果皮可作为调味料，并可提取芳香油，又可入药，种子可食用，又可加工制作肥皂。适宜人群一般人群均能食用，孕妇，阴虚火旺者忌食。

沙姜

沙姜也叫山辣，为根状茎。为一年生草本植物，其性耐旱耐瘠怕涝。

在杂货店、中药店出售的多为沙姜干制切片，其味芳香。在烹调中多用于烧、卤、麻辣火锅，用量多在５～１０克之间。广东人把沙姜用于制作盐焗鸡的调味料。

白蔻

科属：姜科，为多年生草本。原产于柬埔寨和泰国。我国广东、海南岛、云南和广西现有栽培。喜生于山沟阴湿处，适宜栽培于树阴下。

作调味料，可去异味，增香辛。用于配制各种卤汤及供卤制猪肉、烧鸡之用。亦为“咖喱粉”原料之一。

良姜

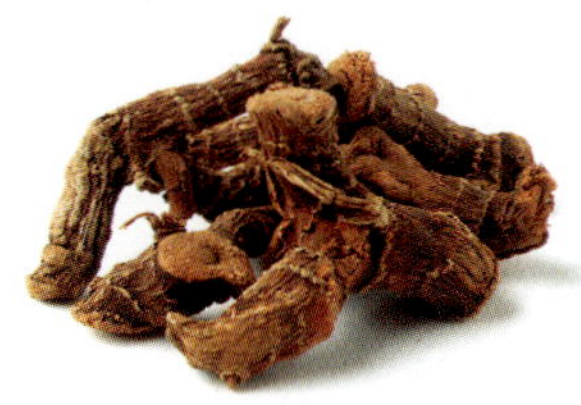

良姜为姜科植物高良姜的根茎，可用作卤水调味料。良姜粉为“五香粉”原料之一。

小茴香

小茴香为伞形科植物茴香的干燥成熟果实；秋季果实初熟时采割植株，晒干，打下果实，除去杂质。全草和叶子夏秋可采，根四季可采，洗去泥土，晒干。

小茴香经常出现在咖喱和辣酱的配料中，也可用于香肠和肉类的调味。

红糖

红糖通常是指带蜜的甘蔗成品糖，一般是指甘蔗榨汁后，通过简易处理，经浓缩形成的带蜜糖。红糖按结晶颗粒不同，分为赤砂糖、红糖粉、碗糖等。因没有经过高度精炼，它们几乎保留了蔗汁中的全部成分。除了具备糖的功能外，还含有维生素和微量元素，如铁、锌、锰、铬等，营养成分比白砂糖高很多。我们常见的传统粉末状红糖则是红糖砖再经过研磨制成的。

白胡椒

胡椒气味芳香，是人们喜爱的调味品之一。胡椒大部分都生长于高温和长期湿润地区，性味辛热，因此温中散寒止痛的作用比较强。生长地点越偏南方的胡椒，性越温热，因为充分吸收了南方的阳热之气。所以，在我国属海南省所产的胡椒温热力最强。

经研究发现，胡椒的主要成分是胡椒碱，也含有一定量的芳香油、粗蛋白、淀粉及可溶性氮，具有去腥、解油腻、助消化的作用，其芳香的气味能令人们胃口大开，增进食欲；有胡椒的菜肴不易变质，这说明胡椒还有防腐抑菌的作用。胡椒性温热，善于温中散寒，对胃寒所致的胃腹冷痛有很好的缓解作用，并可促使发汗，治疗风寒感冒。

椰蓉

椰蓉是椰丝和椰粉的混合物，用来做糕点、月饼、面包等的馅料或撒在糖葫芦、面包的表面，以增加口味和装饰表面。制作方法是把椰子肉切成丝或磨成粉，然后经过特殊的烘干处理，之后混合而成。

椰蓉本身是白色的，而市面上见到的有些椰蓉呈诱人的油光光的金黄色，这是因为在制作过程中添加了黄油、蛋液、白砂糖、蛋黄等。这样的椰蓉虽然口感更好，口味更浓，营养更丰富全面，但是由于二次加工导致热量较高，不宜一次食用过多。

咖喱

咖哩起源于印度。咖喱是由多种香料调配而成的酱料，常见于印度菜、泰国菜和日本菜等，一般伴随肉类和饭一起吃。咖喱的种类很多，以国家来分，起源地就有印度、斯里兰卡、泰国、新加坡、马来西亚等；以颜色来分，有红、青、黄、白之别。咖哩菜最有名的是印度和泰国烹调法，在亚太地区已经成为主流的菜肴之一。

各地咖喱的不同之处在于

印度咖喱辣度强烈兼浓郁。

泰国咖喱当中加入了椰酱来减低辣味和增强香味，而额外加入的香茅、鱼露、月桂叶等香料，也令泰国咖喱独具一格。

马来亚咖喱一般会加入芭蕉叶、椰丝及椰浆等当地特产，味道偏辣。

新加坡邻近马来西亚，所以其咖喱口味与马来西亚咖喱十分相似，特别是味道较淡和带有清香这两个特点。

斯里兰卡咖喱与印度咖喱同样有悠久的历史，但辣味就较印度咖喱淡。

日本咖喱一般不太辣，因为加入了浓缩果泥，所以甜味较重。虽然日式咖哩又称欧风咖哩，事实上还是由日本人所发明的。咖喱到了日本人手中，出现了可以大规模生产的咖喱粉与咖喱块等品种。

西米

西米由几种棕榈树干内所贮碳水化合物制做的食用淀粉经过加工制成。

煮西米的时候，首先拿冷水泡西米，泡发后倒进滚开的开水中煮，边煮边搅合，看大部分都只留点白核的时候关火，盖上盖子焖就可以了，焖到没有白核的时候，倒进冷水里冲，然后就完成了。

干桂花

八月桂花遍地开。每年中秋月明，天清露冷，桂花盛开了，空气中都浸润着甜甜的桂花香味。

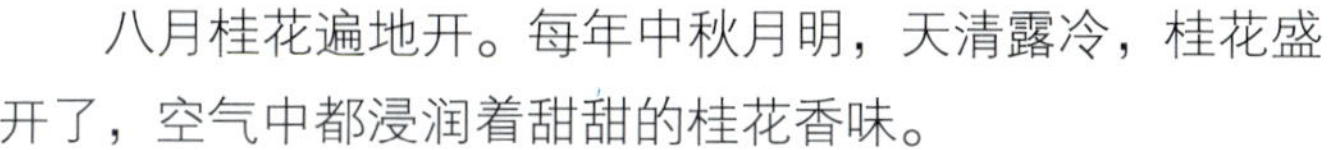

桂花原产我国西南喜马拉雅山东段，印度、尼泊尔、柬埔寨也有分布。我国西南部、四川、陕西（南部）、云南、广西、广东、湖南、湖北、江西、安徽等地，均有野生桂花生长，现广泛栽种于淮河流域及以南地区，其适生区北可抵黄河下游，南可至两广、海南。

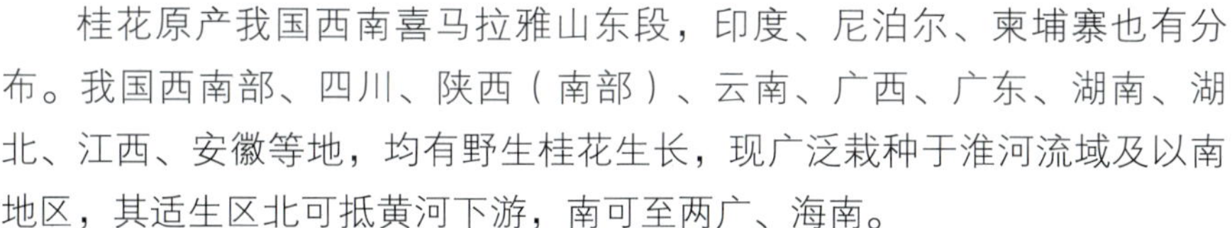

秋季开花时采收，阴干，拣去杂质，密闭贮藏备用；亦可鲜用。

小提示 秋季开花时采收，阴干，拣去杂质，密闭贮藏备用；亦可鲜用。

白芝麻

芝麻的种子。它遍布世界上的热带地区。在温带地区也有种植，芝麻是我国四大食用油料作物的佼佼者，是我国主要油料作物之一。芝麻产品具较高的应用价值。它的种子含油量高达61%。我国自古就有许多用芝麻和芝麻油制作的名特食品和美味佳肴，一直流传至今。

芝麻既可食用又可作为油料作物，有黑白两种，食用以白芝麻为好，补益药用则以黑芝麻为佳。

黑芝麻

面对经常出现的黑芝麻染色现象需要学会自己鉴别，虽然说正常的黑芝麻经水浸泡后会出现轻微掉色现象，但颜色不会过深。黑芝麻中的天然色素溶解于水有一个过程，因此生黑芝麻放在常温冷水中不会迅速掉色。

染色黑芝麻的鉴定方法

将生黑芝麻放入冷水中，如掉色快，很有可能是被染色。此外，由于黑芝麻只有种皮是黑的，胚乳部分仍是白的，可以用刀切开黑芝麻，看看里面是不是白色的。也可以将黑芝麻放在手心，如果手心很快出现黑色，说明黑芝麻很有可能是被染色了。

第5章 谷类及副产品

谷类是大自然赠与我们的饱腹之物，生活中不可或缺。

东北大米

东北大米产地主要位于黑龙江的五常、盘锦、肇东等地， 生长周期在180天左右。大自然为其提供了得天独厚的天然条件，阳光雨露充足，又种植在极肥沃的富含丰富的氮、磷、钾等多种矿物元素的黑土壤中，并以纯净无污染的河水或井水灌溉，这些，都保证了东北大米独有的品质。

【选购】

首先可以看硬度：米的硬度越强，蛋白质含量越高，透明度也越高。一般新米比陈米硬，水分低的米比水分高的米硬，晚米比早米硬。其次看新陈：大米陈化现象较重，陈米的色泽变暗，黏性降低，失去大米原有的香味。所以，要认真观察米粒颜色，表面呈灰粉状或有白道沟纹的米是陈米，其量越多则说明大米越陈旧。还可以捧起大米闻一闻气味是否正常，如有发霉的气味说明是陈米。

泰国香米

泰国香米是原产于泰国的长粒型大米，是籼米的一种。因其香糯的口感和独特的露兜树香味享誉世界。是仅次于印度香米的世界上最大宗的出口大米品种。选择正规泰国香米需要注意选择那种米粒呈细长型，胚芽没有白点，整体呈半透明，粒形整齐一致的为好。

长糯

糯米又叫江米，形细，是家常食用的粮食之一。

长糯米即是籼糯，米粒细长，颜色呈粉白、不透明状，黏性强。

圆糯

圆糯米，属粳糯，形状圆短，白色不透明，口感甜腻，黏度稍逊于长糯米。适合做粽子、酒酿、汤圆、米饭等等。

黑米

黑米是一种药、食兼用的大米，属于糯米类。黑米是由禾本科植物稻经长期培育形成的一类特色品种。粒型有籼、粳两种，粒质分糯性和非糯性两类。糙米呈黑色或黑褐色。黑米外表墨黑，营养丰富，我国不少地方都有生产，具有代表性的有陕西黑米、贵州黑糯米、湖南黑米等。食用价值高，除煮粥外，还可以制作各种营养食品和酿酒。

【选购】

当买回来的黑米出现掉色现象，要警惕买回来的是“染色黑米”。鉴别染色黑米的方法很简单，只需要细心观察，正宗黑米只是表面米皮为黑色，剥去米皮，米心是白色，米粒颜色有深有浅，而染色黑米颜色基本一致。接着可以用手搓下：正宗黑米不掉色，水洗时才掉色，而染色米一般手搓会掉色。

糙米

糙米是稻米经过加工后所产的一种米。指除了外壳之外都保留的全谷粒。即含有皮层、糊粉层和胚芽的米。由于口感较粗，质地紧密，煮起来也比较费时；但是糙米的营养价值比精白米高。

稻米经过去壳后仍保留存些许外层组织，如皮层、糊粉层和胚芽。上述的外层组织内含丰富的营养，比起白米更富有许多维生素、矿物质与膳食纤维，所以糙米向来被视为是一种健康食品。

与全麦相比，糙米的蛋白质含量虽然不多，但是蛋白质质量较好，人体容易消化吸收，但赖氨酸含量较少，含有较多的脂肪和碳水化合物，短时间内可以为人体提供大量的热量。

由于糙米比白米多了较硬外层部分，所以若要完全煮熟糙米，建议将糙米浸泡在水中，静置一夜后再行烹煮。

高粱米

高粱米是高粱碾去皮层后的颗粒状成品粮。高粱又称红粮、蜀黍，古称蜀秫。主要产区集中在东北地区、内蒙古东部以及西南地区丘陵山地。按其性质分，有粳性和糯性两种，粒质分为硬质和软质。子粒色泽有黄色、红色、黑色、白色或灰白色、淡褐色五种。我国的名酒如茅台、五粮液、泸州老窖、汾酒等都以红高粱为主要原料。

高粱有红、白之分。红者又称为酒高粱，主要用于酿酒；白者用于食用，性温味甘涩。高粱按性状及用途可分为食用高粱、糖用高粱、帚用高粱。高粱是酿酒、制醋、提取淀粉、加工饴糖的原料。

薏仁

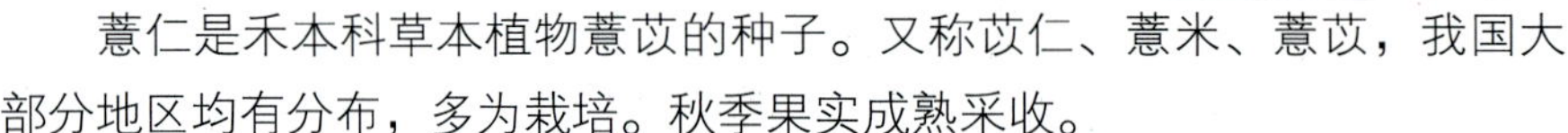

薏仁是禾本科草本植物薏苡的种子。又称苡仁、薏米、薏苡，我国大部分地区均有分布，多为栽培。秋季果实成熟采收。

薏米用作粮食可煮粥，做汤也可。夏秋季薏仁和冬瓜煮汤，既可佐餐食用，又能清暑利湿。

需要注意的是薏仁较难煮熟，在煮之前需以温水浸泡2~3小时，让它充分吸收水分，在吸收了水分后再与其他米类一起煮就很容易熟了。

麦片

麦片或称麦皮，是由燕麦粒轧制而成的食品。由于麦片食品的制作过程简单，而且省时，有的种类的速食麦片，只要经过水泡，就可以食用，所以受到了很多人的欢迎。

麦片通常状态下呈扁平状，直径约相当于黄豆粒，形状完整。燕麦去壳可以磨成粗细不同的燕麦片，或是弄软碾平做成燕麦卷。经过速食处理的速食燕麦片有些散碎感，但仍能看出其原有形状。燕麦煮出来高度黏稠，它的降血脂、降血糖、高饱腹的效果，与这种黏稠物质密切相关。总的来说，同量的燕麦煮出来越黏稠，则保健效果越好。

麦仁

麦仁为全麦谷物颗粒，含有麦类谷物的全部营养成分。麦仁分为软、硬两类，但这两个名字并不代表其软硬程度。

软硬麦仁二者之间的区别在于其麸质蛋白含量。软麦仁的麸质蛋白含量较低，并被碾磨成全麦粉。而硬麦仁麸质蛋白含量较高，并被碾磨成普通的、营养丰富的面粉。

面筋

面筋是一种植物性蛋白质，有麦胶蛋白质和麦谷蛋白质组成。

将面粉加入适量水、少许食盐，搅匀上劲，形成面团，稍后用清水反复搓洗，把面团中的活粉和其它杂质全部洗掉，剩下的即是面筋，将洗好的面筋投入沸水锅内煮80分钟至熟，即是“水面筋”。面筋可以使用凉拌、焖、烧或者烤制等多种加工方式来制成。

小米

小米在我国古称稷或粟，亦称作粱。古代叫禾。是脱壳制成的粮食，因其粒小，直径2毫米左右，故名。原产于我国北方黄河流域，为我国古代的主要粮食作物。我国北方通称谷子，去壳后叫小米。

小米原产我国，迄今约有八千多年的栽培历史　小米是由野生的“狗尾草”选育驯化而来的。今天世界各地栽培的小米，都是由我国传去的。全世界小米栽培面积约十多亿亩（1公顷=15亩），我国最多，总产量最高，多分布在黄河中下游地区、东北、内蒙古等地。

【选购】

挑选小米的时候要注意选择那种米粒大小、颜色均匀，呈乳白色、黄色或金黄色，有光泽，少有碎米，无虫，无杂质的。

优质小米闻起来具有清香味，尝起来味佳，微甜，无任何异味。

劣质的小米，手捏易成粉状，碎米多，闻起来微有霉变味、酸臭味、腐败味或其他不正常的气味。

小提示

小米宜与大豆或肉类食物混合食用，这是由于小米的氨基酸中缺乏赖氨酸，而大豆的氨基酸中富含赖氨酸，可以补充小米的不足；小米粥不宜太稀薄；淘米时不要用手搓，忌长时间浸泡或用热水淘米。

黑豆

豆科草本植物大豆的黑色种子。又称乌豆、黑大豆。大豆，又称为菽，我国各地均有分布。秋季采收成熟荚果，晒干除去荚壳备用。购买时以颗粒大而饱满、色泽乌黑发亮者为佳。

黑豆洗的时候会少量掉色，黑豆泡的时候，会少量掉色，水色加深，这是正常的；如果只是洗了一下，就掉色或者泡的时候水色特深，那有可能是假的。

因黑豆价格较贵而黑芸豆价格较为便宜，有不法商贩用黑芸豆冒充黑豆。所以需要辨别的是：黑豆内仁为黄色或青色，芸豆内仁为白色。

豇豆

豆科草本植物豇豆的种子或荚果。又称饭豆、腰豆、浆豆。我国大部分地区有栽培。秋季采收成熟的荚果，除去荚壳，收集种子备用；或于夏、秋季采摘未成熟的嫩荚果鲜用。

豇豆适宜于任何体质的人食用。尤其是糖尿病、肾虚患者食用更佳。

赤豆

赤豆是豆科草本植物赤小豆或赤豆的种子。又称红小豆、米赤豆。分布于我国广东、广西、江西及上海郊区等地。赤豆又称红豆、红饭豆、朱赤豆。我国各地广泛栽培。夏、秋采摘成熟荚果，晒干，除去荚壳、杂质，收集种子备用。

我国是小豆的原产地。至今，在我国西南地区尚有小豆野生种和半野生种存在。亚洲其他地方也有栽培，但以我国出产最多。小豆在我国栽培历史悠久。我国种植小豆至少已有二千多年的历史。

赤豆可整粒食用，一般用于煮饭、煮粥，也可在做赤豆汤或冰棍、雪糕时使用。由于赤豆淀粉含量较高，蒸后呈粉沙性，而且有独特的香气，故成为豆沙的主要用豆，供作各种糕团面点的馅料。

白芸豆

白芸豆，其生物学名叫菜豆，因花色多样而得名。属豆科，蝶形花亚科，菜豆族菜豆属，白芸豆原产于美洲的墨西哥和阿根廷，后经人工栽培驯化，已适应冷凉潮湿的高原地带。种植面积较大的国家是美洲的阿根廷、美国、墨西哥，欧洲的英国，亚洲的我国、日本等。我国在16世纪末才开始引种栽培。现在我国的各个省区均有种植，种植面积较大的省份是云南、贵州、四川等。

花豆

花豆，又名肾豆，因其表皮呈规则形状如肾脏，全身布满红色经络花纹而得名，被当地人称为神豆，相传为朝廷贡品，长期食用具有滋阴壮阳、强身健体、倍增力量等功效，迄今有二千多年的历史。

花豆实为煲汤佳品，但因其丰富的营养以及降脂的神奇功效，在产地被推崇为神豆。

绿豆·脱皮绿豆

绿豆起源于中国。中国学者曾在云南、广西等地发现野生绿豆。中国绿豆品种资源遍布全国各地，数量多、类型丰富，并有二千多年悠久的栽培历史。具有粮食、蔬菜、绿肥和医药等用途。是我国人民的传统豆类食物。绿豆蛋白质的含量几乎是粳米的3倍，多种维生素、钙、磷、铁等无机盐都比粳米多。

因此，它不但具有良好的食用价值，还具有非常好的药用价值。在炎炎夏日，绿豆汤更是老百姓最喜欢的消暑饮料。绿豆性凉，适宜中毒者、眼病患者、高血压患者、水肿患者、红眼病患者食用。但加工时需注意的一点，绿豆忌用铁锅煮。

黄豆

豆科草本植物大豆的黄色种子。又称黄大豆。我国各地均有分布。秋季采收近成熟或成熟果荚，除去荚壳，鲜用或晒干备用。

大豆，古称菽，是一种其种子含有丰富的蛋白质的豆科植物，一般都指其种子而言。大豆呈椭圆形、球形。种皮颜色有黄色、淡绿色，各称为黄豆、青豆。以黄豆最常见。毛豆即为未成熟的食用大豆。

大豆最常用来做各种豆制品，压豆油、炼酱油和提炼蛋白质也用到。豆渣或磨成粗粉的大豆也常用于禽畜饲料。在我国、日本和朝鲜，不同软硬度的豆腐已经吃了几千年了。

大豆加工之后，也可以成为酱油或腐乳。欧美现代也开始吃豆腐，但是一般用其来代替奶制品。

青豆

青大豆为豆科大豆属一年生草本植物，原产我国。我国自古栽培，至今已有五千年的种植史。现在全国普遍种植，在东北、华北、陕、川及长江下游地区均有出产，以长江流域及西南栽培较多，以东北大豆质量最优。世界各国栽培的大豆都是直接或间接由我国传播出去的。

豆制品—豆腐干

豆腐干是豆腐的再加工制品，通过物理过程使其变得咸香爽口，硬中带韧，久放不坏。豆腐干营养丰富，含有大量蛋白质、脂肪、碳水化合物，还含有钙、磷、铁等多种人体所需的矿物质。

要制豆腐干，则须将豆腐花舀进木托盆里，用布包好，盖上木板。在板上压上石头，这样能压尽水分，豆腐干就这样做成了，然后再根据所需不同进行熏制或直接包装上市。

豆制品—腐竹

腐竹是大豆磨浆烧煮后，凝结干制而成的豆制品。腐竹是从锅中挑皮、捋直，卷成杆状，经过烘干而制成的。腐竹以颜色为浅麦黄，有光泽，蜂窝均匀，折之易断，外形整齐的为佳。腐竹是豆制品的高档食品，该产品营养价值很高，被人们称为“素中之荤”，倍受广大消费者的喜爱。腐竹由黄豆制成，具有与黄豆相似的营养价值，富含黄豆蛋白、膳食纤维及碳水化合物等，对人体非常有益。腐竹的保健功能同豆浆相差无几，几乎适合一切人群食用。

腐竹适宜于烧、拌。食用前须用凉水泡发，这样可使腐竹整洁美观，如用热水泡，则腐竹易碎。

【选购】

●腐竹在选购时需要注意通过以下几点进行辨别

	观色	辨形	嗅味	尝味（泡软后）
优质	淡黄色，有光泽。	为枝条或片叶状，质脆易折，条状折断有空心，无霉斑、杂质、虫蛀。	具有腐竹固有的香味，无其他任何异味。	具有腐竹固有的鲜香滋味。
一般	色泽较暗淡或泛洁白、清白色，无光泽。	呈枝条或片叶状，并有较多折断的枝条或碎块，有较多实心条。	腐竹固有的香气平淡。	腐竹固有的滋味，显得平淡。
劣质	呈灰黄色、深黄色或黄褐色，色彩暗而无光泽。	有霉斑、虫蛀、杂质。	有霉味、酸臭味等不良气味及其他外来气味。	有苦味、涩味或酸味等不良滋味。

第6章 畜、禽、蛋、水产

畜、禽、蛋类是我们很重要的食物来源，这些食物能提供我们足够的能量来健康生活。

猪

选购猪肉时请先确认所购生猪皮上有卫生部门核准的生猪检疫检验章。

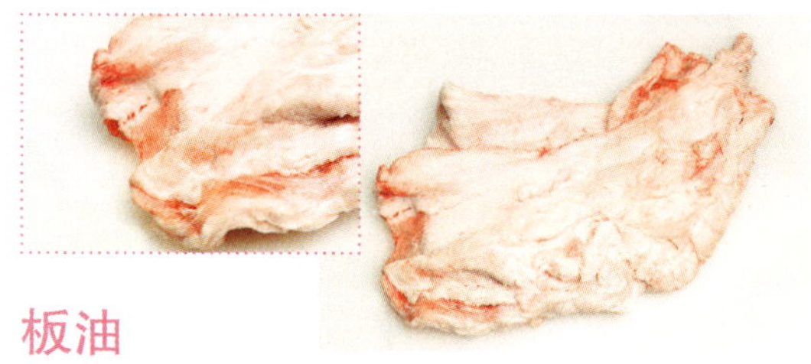

板油

板油是猪油的一种，指猪腹腔内面的板状脂肪，猪肉里面、内脏外面成片成块的油脂，这是猪油最集中的地方，出油率高、油渣少，一般加工后做糕点用油。

肥膘

猪皮里面、与瘦肉紧挨着或与瘦肉互相夹杂的肥肉叫“膘”，通常指猪的皮下脂肪，可食用。也有用来榨油。

多数被买回炼油和炒菜。

前腿

前腿肉肉形不如后腿肉齐整，但是要比后腿肉嫩，相比之下比较适合做肉馅。

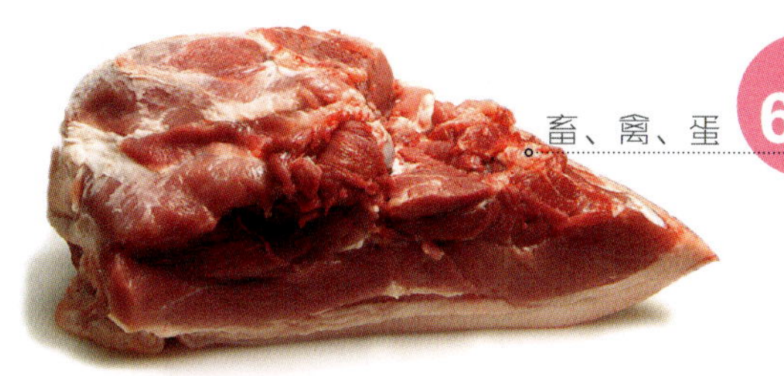

后腿

后腿肉通常适合切片炒制，是否带皮可由个人饮食习惯决定。

五花

五花肉也称三线肉，三线肉顾名思义能看见三条线（指瘦肉呈现出来的三条线），位于猪的腹部。猪腹部脂肪组织很多，其中又夹带着肌肉组织，肥瘦间隔，故称“五花肉”。这部分的瘦肉最嫩最多汁。上选的五花肉，以靠近前腿的腹前部分层比例最为完美，脂肪与瘦肉交织，色泽为粉红。

五花肉连皮而烹，肉皮能让汤汁变浓稠，让肉光亮，能生发不同风味变化。五花肉一直是一些代表性中式菜的最佳主角。

肘子

肘子也称蹄膀，分前后，我国不论南北，也不论叫做肘子还是蹄，默认均为前肘，因为前肘加工成菜之后较之后肘肉质更加紧致软糯，口感好。

猪里脊

里脊肉是大家最常见的一种瘦肉，位于猪背部。肉质细嫩无筋，都是瘦肉，加工性好，可切片、切丝、切丁，炸、熘、爆、炒都可以。

这部位的肉特点是整洁易处理、肉质鲜嫩。建议各位厨房新手选用，因为这块肉很好切，不需要太好的刀功。

小提示 猪肉切时注意，要斜切，猪肉的肉质比较细，筋少，如横切，炒熟后变得凌乱散碎，如斜切，可使其不破碎，吃起来又不塞牙。

背柳

背柳也称腰柳，长在靠脊骨上里脊后侧，腰柳量很少，一头猪就如上图中所示，只有这两小条，正所谓物以稀为贵，背柳的价格也相对较高，此处是猪身上瘦肉最嫩的部位。

叉骨

指猪盆骨的一部分，通常用来炖汤。

排骨

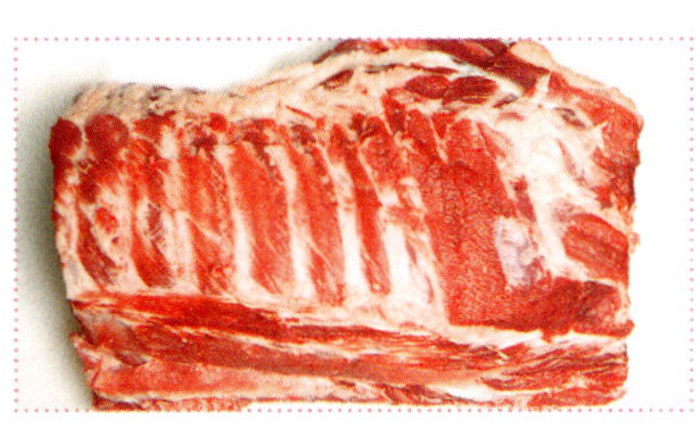

排骨是指猪腹腔两侧的去皮肋骨肉，如果连带一截龙骨则被称为大排，如果除掉则被称为小排或是精排。

后棒骨

后棒骨也叫筒子骨、棒子骨，是猪后腿连接盆骨的腿骨，是炖汤的首选，因为骨头里面有很多的骨髓，营养丰富，筒子骨不仅可以单炖还可以搭配很多菜肴一起煲汤，味道都不错。

龙骨

龙骨也就是脊骨，也是最适合煲汤之用，还能尽可能地保存好骨头的营养，让身体更容易吸收。

扇骨

扇骨是指猪的肩胛骨，因为扇子骨上面没什么肉，所以基本用来煲汤。

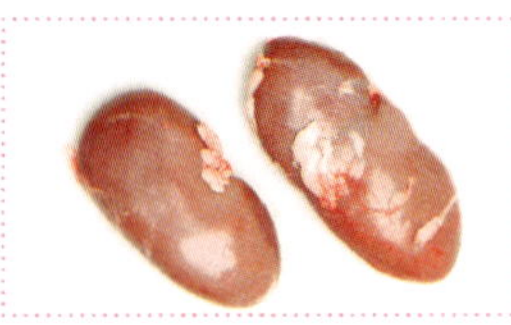

腰子

猪腰是猪的肾脏，需要注意的是新鲜猪腰上有层白膜，但凡经过多次反复冷冻的猪腰是没有这层白膜的，购买时要辨别。

牛

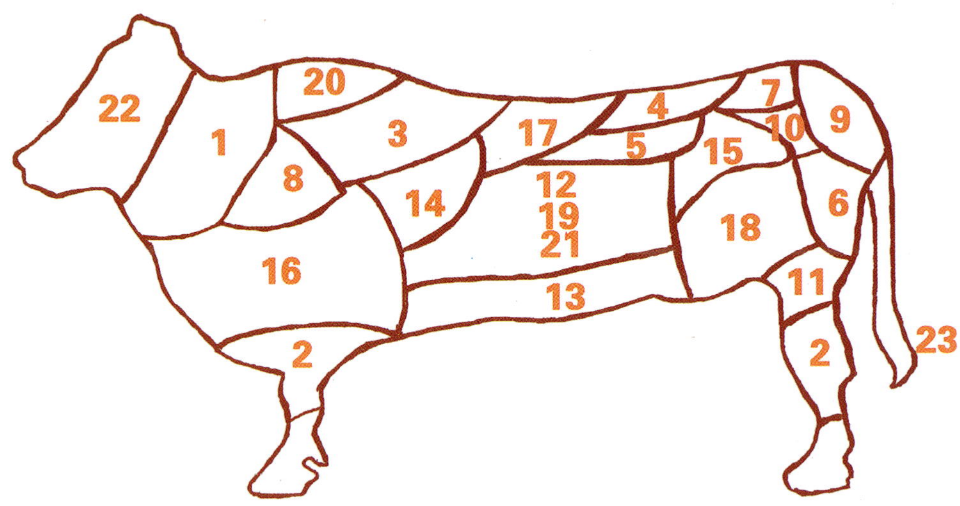

牛肉分档应用

1 **上脑** 脂肪均匀，有明显的花纹，用来炖、烧，或者作牛肉面浇头。

2 **腱子肉** 牛前后小腿剔骨后所得，因为经常运动所以胶质较多，嚼劲足，是做酱牛肉的首选。

3 **眼肉** 上脑和外脊之间的一块肉，切片后呈现类似眼睛的花纹，肉内脂肪呈现大理石花纹，汁多肉嫩，适宜做“黑胡椒”系列菜肴。

4 外脊　牛的上腰肌肉，肉质嫩滑是制作牛排的首选（注：此部位烹制后，西餐中叫做西冷牛排）。

5 里脊　脊骨内侧与大排相连的瘦肉。

6 臀肉　是牛的后部位肉，肌肉发达，纤维较粗，适合切丝炒。

7 霖肉　腰窝与后腿交界的一块肉，肉质细嫩，但是比里脊稍差，适合做肉丸。

8 小黄瓜条　肉质细嫩，但不如外脊，适合熘炒。

9 大黄瓜条　肉质坚实，主要用来炒制。

10 辣椒条　肉质极嫩，适宜切片或切丝。

11 和尚头　后腿肉，剔净肥脂，外观近圆柱形，主要用来烧炖。

12 肋条　汁多味美，适合烧炖，但是制作前要去腥。

13 腹肉　肉质较粗，筋膜多但口感好，常用于烧烤及涮锅。

14 三叉肉　筋多，肉质细嫩适宜烧制。

15 上后腰　肉中筋较多，适合采用烧制的方法。

16 前腿肉　筋肉交错呈花形，适合用来炖、酱、焖等。

17 背间肉　肉嫩但筋多，适合红烧炖汤。

18 后腰脊肉　肉很薄但是筋特别多，适合制作红焖菜。

19 腩排　带牛腩的排骨，肉质细腻，主要用来红烧。

20 肩峰肉　肉质细嫩，涮锅及铁板首选。

21 牛肋排　带肋骨的排骨，主要用来红烧。

22 牛头　牛头肉可做烧卤。

23 牛尾　牛尾烧汤是常用的食用方法。

鸡肝

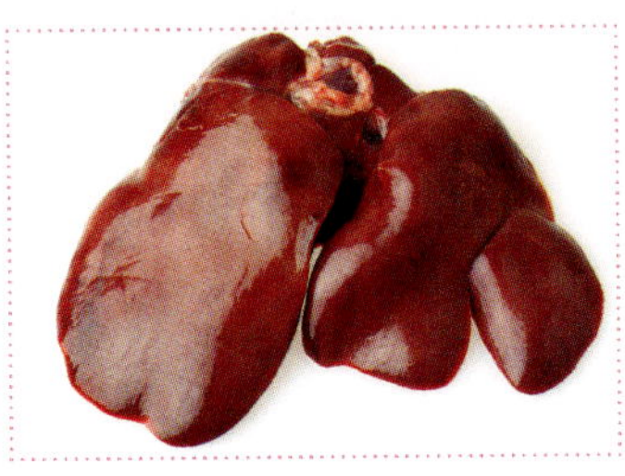

鸡肝为鸡的肝脏。鸡杂之一。呈大小双叶，叶面有苦胆和筋络(加工时须摘去)。其色紫红，质细嫩。宜卤、炸。如：卤鸡肝，炸鸡肝。因其分丰富的营养和特殊功效，使得鸡肝成为补血养生的最佳食物。

肝脏是动物体内储存养料和解毒的重要器官，含有丰富的营养物质，具有营养保健功能，是最理想的补血佳品之一。

【选购】

选购鸡肝时学会鉴别很重要，首先，闻气味，新鲜的是扑鼻的肉香，变质的会有腥臭等异味。其次，看外形，新鲜的是自然充满弹性，陈的是失去水分后，边角干燥。然后，看颜色，健康的熟鸡肝有淡红色、土黄色、灰色，这都属于正常；呈黑色的，要么不是新鲜的，要么就是酱腌的；鲜红色是加了色素吸引顾客的。颜色越本色越放心。

鸡心

鸡的心脏，鸡杂之一。用处及做法同鸡肝。

小提示 如想保证食品的安全，最好少买熟肉制品，因为加工后很难分辨是否是病死肉，最好自己亲自做。

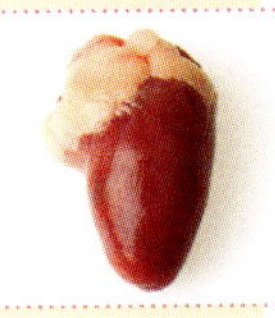

鸡胗

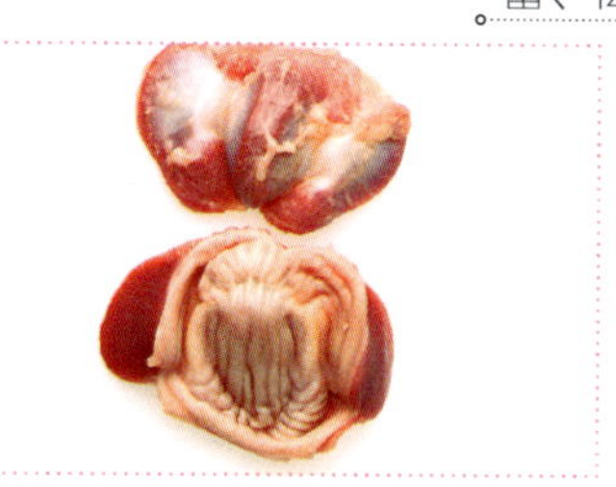

鸡胗就是鸡的可食用的胃脏（即鸡肫）。禽类的胃分肌胃和腺胃，肌胃较大且肉质较厚，负责储存和磨碎食物，胗是指肌胃。鸡胗是帮助鸡进行消化的器官，鸡没有牙齿，吞食的小石子，就是储存在那里。

鸡胗内壁上黄色的一层膜，叫做鸡内金，是一味中药，具有消食健胃的功效。

除去鸡内金的鸡胗适宜以卤或炒制的形式入菜，炒制后口感脆爽。

鹌鹑蛋

鹌鹑蛋是一种很好的滋补品，在营养上有自己的独特之处，蛋形近圆，个体很小，一般只有5克左右，表面有棕褐色斑点。鹌鹑蛋的营养价值不亚于鸡蛋，同时具有较好的护肤、美肤作用。

鹌鹑蛋的胆固醇和热量并不高，不仅适合年轻人食用，老年人也可适量选用。

鸽子蛋

鸽蛋被誉为“动物人参”。据我国医学科学院卫生研究所资料表明，鸽蛋含有几种氨基酸和人体必需的多种各类维生素，含有大量优质蛋白质及少量脂肪，并含少量糖分，磷脂、铁、钙、维生素A、维生素B_1、维生素D等营养成分，易于消化吸收。是高蛋白低脂肪的珍品。鸽蛋能够增强人体的免疫和造血功能，对手术后的伤口愈合，产妇产后的恢复和调理，儿童的发育成长更具功效。是老少皆宜的药膳。

【选购】

市场上有人使用经漂白过的鹌鹑蛋来冒充鸽子蛋，在这里再说下如何辨别鸽蛋的真假。

鸽蛋外形匀称，表面光洁、细腻、白里透粉。

鸽蛋煮熟后，蛋白是半透明的，而鹌鹑蛋煮熟后的蛋白跟鸡蛋是一样的。鸽子蛋在阳光下面是透亮的，而鹌鹑蛋则完全没有光泽，还有，鸽蛋一般也要比鹌鹑蛋大一些。

鸡蛋

鸡蛋，又名鸡卵、鸡子，是母鸡所产的卵，其外有一层硬壳，内则有气室、卵白及卵黄部分，它富含各类营养，是人类常食用的食品之一。若鸡蛋受精，约经过21天会孵出小鸡。

鸡蛋的营养价值高低主要取决于饲料的营养结构与鸡的摄食情况，与蛋壳的颜色无多大关系。

从感官上看，蛋清越浓稠，表明蛋白质含量越高，蛋白的品质越好。正常情况下，蛋黄颜色较深的鸡蛋营养稍好一些。

【选购】

新鲜的鸡蛋蛋壳完整，无光泽，表面有一层白色粉末，手摸蛋壳有粗糙感，轻摇鸡蛋没有声音，还可用日光透射 用左手握成圆形，右手将蛋放在圆形末端，对着日光透射，新鲜的鸡蛋呈微红色，半透明状态，蛋黄轮廓清晰；如果昏暗不透明或有污斑，说明鸡蛋已经变质，对鸡蛋呼一口热气，用鼻子凑近蛋壳可闻到淡淡的生石灰味，将鸡蛋放入水中，如果蛋平躺在水里，说明很新鲜；如果它倾斜在水中，它至少已存放3~5天了；如果它笔直立在水中，可能已存放10天之久，如果它浮在水面上，这种蛋有可能已经变质，不建议购买。

水产

水产是海洋、江河、湖泊里出产的经济动植物等的统称，在过去，新鲜的水产品只有少数地方的人们才能享受到，这些地方一般都是沿海地区或者靠近湖边与河边的地区，到如今，因为有了现代化的冷藏和冷冻技术，一年四季，在任何地方的人们都可以享用到美味的水产品，下面就来看看常见的几种水产吧。

基围虾

基尾虾以壳薄、体肥、肉嫩、味美而著称。其肉质松软，易消化，对身体虚弱以及病后需要调养的人是极好的食物；虾中含有丰富的镁，能很好地保护心血管系统，它可减少血液中胆固醇含量，防止动脉硬化，同时还能扩张冠状动脉，有利于预防高血压及心肌梗死。

小提示▶ 食用虾严禁同时服用大量维生素C，否则，可生成三价砷（砒霜类物质），能致人死亡。

海米

虾米又名海米、金钩、开洋。海米也称虾米或虾仁，为海产白虾、红虾、青虾加盐水焯后晒干，纳入袋中，去皮去杂而成。因为经加盐蒸煮、干燥、晾晒、脱壳等工序制成，如舂谷成米，故称海米。白虾米为上品，色味俱佳。

海米食用前加水浸透，肉质软嫩、味道鲜醇，煎、炒、蒸、煮均宜，味道鲜美，为“三鲜”之一。

海米最有营养价值的成分其实是虾皮和虾仁上红颜色的成分，名称叫虾青素，是迄今为止发现的最强的抗氧化剂，但如果红色成分已经褪色，说明虾青素已经被氧化了。

【选购】

没加过色素的虾米，虽外皮微红，但里面的肉却是黄白色的，而添加了色素的虾米，皮肉都是红的。因为色素基本上没有气味和味道，所以用鼻子闻，用嘴尝都感觉不到，如条件允许，购买时可先用水泡上几颗海米，如加的是一般色素，则水会变红。

花蟹

梭子蟹中的一种。

雌性的颗粒较雄性显著，雌雄体色有明显差异。雄性除了螯脚中的可动指与不可动指及各步脚的前节、指节为深蓝色外，其余部位大都呈蓝绿色并布有浅蓝或白色斑驳。雌性头胸甲前部为深绿色，后部布有黄棕色斑点；螯脚前节腹面呈淡橙色、延伸至可动指及不可动指基部，二指前端为深红色；步脚前节和指节为淡橙色。右图中上者为雄。

【选购】

好花蟹的背部呈青色且坚硬，腹部饱满厚重。还可以仔细观察蟹小腿，腿部坚硬，很难捏动的最肥满。接下来可以看腹脐。好花蟹的腹脐一般呈浅红色，红色越多且肚脐结实说明蟹越肥满。

如果喜欢吃膏蟹，可以在最后再看看蟹盖。看蟹盖可以知道膏黄的丰满度，盖两边的尖上，是否有黄红色的东西，越多证明它的膏黄就越多。

小提示

蟹类分辨雌雄方法

翻转蟹身查看蟹腹部，若为三角形塔状则为雄，若为近圆形则为雌。